Alineado

*Maximizar lo que Dios le ha dado
para Sus propósitos eternos
y para su bien*

Marcel Sánchez

Alineado

© 2022 por Marcel Sánchez, Marcel@GlobalChurch.me

Impreso en los Estados Unidos de América.

Editorial: Amazon KDP Direct Publishing, ISBN: 9798364309242

A menos que se indique lo contrario, todas las citas de las Escrituras son de el texto bíblico indicado con RVC, la Reina Valera Contemporánea ® © Sociedades Bíblicas Unidas, 2009, 2011. Usadas con permiso. Todos los derechos reservados.

El texto bíblico indicado con LBLA ®, LA BIBLIA DE LAS AMERICAS © Derechos del autor 1986, 1995, 1997 por el Lockman Foundation. Usadas con permiso.
Todos los derechos reservados.

El texto bíblico indicado con NTV ha sido tomado de la Santa Biblia, Nueva Traducción Viviente, © Tyndale House Foundation, 2010. Usado con permiso de Tyndale House Publishers, Inc., 351 Executive Dr., Carol Stream, IL 60188, Estados Unidos de América.
Todos los derechos reservados.

Ninguna parte del libro puede ser reproducida de ninguna forma sin el permiso por escrito de Marcel Sánchez, excepto en el caso de breves citas dentro de artículos críticos y revisiones.

Marcel Sánchez

Pastor Ejecutivo, Iglesia Global
17701 NW 57th Avenue
Miami, FL 33055
Oficina: 305.620.5111 | Directo: 786-554-0312
Marcel@GlobalChurch.me | www.GlobalChurch.me
Fundador, www.ImagineCoachingAcademy.com

Índice

Cómo utilizar este libro — 8

Semana 1 – El marco — 10

Semana 2 – El cimiento — 17
Día 1 - La perspectiva de Dios: Dios es dueño de todo — 18
Día 2 - Mi respuesta: Servir fielmente como Administrador de Dios — 20
Día 3 - Mi Actitud: Estar Contento — 22
Día 4 - Mi expectativa: administrar y maximizar — 24
Día 5 - La contabilidad de Dios: Soy Responsable — 26

Semana 3 – Mi vida espiritual — 29
Día 6 - El Mandamiento: "Arrepiéntase" — 30
Día 7 - La Invitación: "Sígueme" — 32
Día 8 - La Promesa: "Y los haré pescadores de hombres" — 34
Día 9 - Mi respuesta: "De inmediato" — 36
Día 10 - Mi Prioridad Diaria: Permanecer en Cristo — 38

Semana 4 - Mi vida espiritual…continuación — 41
Día 11 - Santidad: Viva una vida santa — 42
Día 12 - El carácter: Dirigiendo mis pensamientos — 44
Día 13 - Mi Iglesia: Congregarse y animarse — 46
Día 14 - Mi iglesia: Equipar y servir — 48
Día 15 - Mi Iglesia: Dar e ir — 50

Semana 5 - Mi propósito — 53
Día 16 - Vivir para la Gloria de Dios — 54
Día 17 - Practicar el Gran Mandamiento — 56
Día 18 - Obedecer la Gran Comisión — 58
Día 19 - Hable a otros sobre las buenas nuevas de Jesús — 60
Día 20 - Claridad espiritual — 62

Semana 6 - Mi Propósito... continuación   65
Día 21 - Avanzando hacia la meta   66
Día 22 - Sal y Luz   68
Día 23 - ¡Trabájelo y manténgalo!   70
Día 24 - Encomiende su trabajo al Señor   72
Día 25 - Vivir por fe   74

Semana 7 - Mis recursos   77
Día 26 - Maximice su tiempo   78
Día 27 - Hay un tiempo para orar y un tiempo para actuar   80
Día 28 - Convierta la pasión espiritual en acción   82
Día 29 - Sirva a Dios con sus habilidades y talentos   84
Día 30 - Perfeccione sus habilidades   86

Semana 8 - Mis recursos...continuación   89
Día 31 - Dios es su fuente: hónrelo primero a Él   90
Día 32 - ¿Cuánto debe conservar?   92
Día 33 - No descuide ninguno de los dos   94
Día 34 - Crezca en la gracia de dar   96
Día 35 - ¿Qué medida quiere?   98

Semana 9 - Mis relaciones   101
Día 36 - Ame y sirva a su familia   102
Día 37 - Involucre a su prójimo para Cristo   104
Día 38 - Desarrolle relaciones espirituales ricas   106
Día 39 - Invite a los no creyentes a seguir a Jesús   108
Día 40 - Mejore sus amistades   110

Semana 10 – Mi salud   113
Día 41 - Discipline su cuerpo   114
Día 42 - Haga ejercicio con regularidad, pero no de forma obsesiva   116
Día 43 - Coma más saludable   118
Día 44 - Renueve su alma   120
Día 45 - De prioridad al descanso y al sueño   122

El desafío final   124

¿Cómo me convierto en cristiano?   126

Referencias   133

Como utilizar este libro

Bienvenidos a *Alineado* y a esta nueva aventura espiritual. Todo lo que Dios le ha dado es un *regalo*. Y este regalo debe ser *administrado* y *maximizado* para los propósitos eternos de Dios. En Cristo, *cada* parte de su vida le pertenece a Dios. Es importante estudiar lo que eso quiere decir y por qué es importante hoy.

Este libro fue diseñado para usarse como un recurso complementario a las prédicas de los domingos por la mañana en la Iglesia Global en Miami, Florida (www.GlobalChurch.me). Más concretamente, fue diseñado para *servir a* nuestros *Grupos Vida*, nuestras reuniones semanales de grupos pequeños en los hogares, a través de ZOOM y en la iglesia—desde enero de 2023.

¿Le gustan los desafíos? A mí sí. Este devocional fue creado para desafiarlo en *su* viaje espiritual. Es un desafío personal para usted. Quiero que le saque el máximo provecho a nuestra serie y a este devocional. Para aquellos de ustedes que acepten este desafío, les pediré que se *comprometan* con los siguientes tres pasos de acción.

1. Durante las próximas diez semanas, **asista a la iglesia** en persona con su familia.
2. **Comience a leer el devocional.** Con excepción de la introducción, hay cinco devocionales individuales para leer cada semana. Lea un devocional cada día. Reflexione detenidamente sobre lo que está escrito y las preguntas que se le pide que responda.
3. **Participe** en uno de nuestros ***Grupos Vida*** semanales. ¿Por qué? ¡Juntos es *mejor!* Aprendemos *más* cuando crecemos en Cristo juntos. Venga *preparado* cada semana para compartir con su grupo lo que está aprendiendo.

Obtendrá el *máximo* provecho de este estudio, y entenderá mejor qué áreas de su vida necesitan más enfoque y atención, mientras se compromete e implementa estos tres pasos de acción fundamentales.

¡Disfrute su viaje!

Marcel

Semana 1

El marco

Introducción

Recuerdo la reunión como si fuera ayer. Una empresa automotriz internacional me contrató, junto con mis compañeros de capacitación, para ayudar a los jefes de proyecto a *mejorar* sus habilidades de comunicación al pasar de un nuevo proyecto a otro. Estos ingenieros sobresalientes habían trabajado con la empresa durante mucho tiempo.

Pero después de muchas videollamadas, reuniones por teléfono y correos electrónicos entre los miembros del equipo, la comunicación había comenzado a *deteriorarse*. Y al cabo de poco tiempo, se *incumplieron* los plazos y los costos empezaron a *incrementarse*. Antes de nuestra participación, aquellos que deberían haber aceptado la responsabilidad de cumplir sus compromisos no lo estaban haciendo.

En el centro de su problema estaba la falta de *voluntad* para definir:

"*¿Quién* es el responsable?"

"*¿De qué e*s responsable?" y

"*¿Para cuándo?*": la fecha de vencimiento de cada compromiso.

Quizás en este momento se pregunte: "¿Qué tienen que ver los desafíos de la industria automotriz con mi *alineación* con Dios?"

Usted tiene responsabilidades espirituales dadas por Dios que debe entender, aceptar y practicar con regularidad

Al igual que mis amigos de la industria automotriz, muchos creyentes de hoy *carecen de claridad y alineación* espiritual a la hora de definir sus responsabilidades espirituales ante Dios. ¿Por qué es esto tan importante? Si no sabe de qué es espiritualmente responsable, *no* alineará sus caminos con los de Dios. Sin embargo, sigue siendo *responsable* de cumplir con sus obligaciones ante Dios. Considere las siguientes preguntas relacionadas con su vida:

¿Está su vida *alineada* con los propósitos eternos de Dios?

¿*De qué* es espiritualmente responsable?

¿De *quién* es espiritualmente responsable?

¿Cuál es el *propósito* de su vida desde la perspectiva de Dios?

¿Qué *relaciones* requieren más tiempo, atención y cuidado?

¿Qué *recursos* debe *maximizar* para los propósitos de Dios?

¿Cómo puede maximizar su *salud* para honrar a Dios?

Estas preguntas nos llevan a explorar las cinco áreas de nuestro *marco* para alinear nuestras vidas con los propósitos de Dios. Al entender con claridad de qué es responsable desde la perspectiva de Dios, puede *ajustar* y *realinear* su vida para *seguir* los caminos de Dios con *mayor* transparencia.

Durante este estudio, desearía que filtrara cada área de nuestro marco a través de la lente de un principio de transformación: buscar *primero* el reino de Dios (Mateo 6:33). *Dios es lo primero.* Este es el orden de la *bendición* divina para *su* vida y para *cada* creyente. Al aceptar este desafío, usted experimentará el *poder,* la *provisión,* la *dirección* y *la protección de Dios* en más formas de las que pueda imaginar.

Por lo tanto, busquen primeramente el reino de Dios y su justicia, y todas estas cosas les serán añadidas. (Mateo 6:33)

Como introducción a este estudio, resumamos cada área fundamental de nuestro marco. Este marco le proveerá un modelo bíblico para vivir su vida de tal manera que Dios se complazca. ¿Cómo puede hacer esto? Viviendo por *fe* en Dios a través de Jesucristo, siguiendo *primero* a Dios y Su *voluntad* para su vida en todas las cosas (Hebreos 11:6).

Mi vida espiritual

¿Es Dios lo *primero* en su *vida espiritual?* ¿Pasa tiempo con Dios *antes de* comenzar su día? Su relación diaria con Cristo es su *mayor* prioridad. Su vida interior es importante. La calidad de su relación espiritual con Cristo debe ser alimentada *y* cultivada (Juan 15:1-11). Para prosperar espiritualmente, necesita aumentar en cantidad *y* calidad su relación con Cristo.

Jesús vino a *transformarlo* de las tinieblas a la luz. Él quiere que lo *experimente* a diario a través de una relación *duradera.* Practicar la presencia de Jesús es poderoso. Es lo que necesita cada día para prosperar espiritualmente. Al desarrollar sus hábitos espirituales, su vida de oración *cambiará* y también su habilidad para conectar a las personas con Jesús.

Su vida espiritual se *desbordará* en las demás áreas de su vida. Determinará cómo vive su *propósito* como creyente. Impulsará la forma en que *invierte* en las relaciones para llevar a las personas a Cristo. Afectará directamente la forma en que *administra* sus recursos. Lo moverá a *actuar.*

Mi propósito

¿Es Dios lo *primero* en su misión personal y *propósito* de vida? ¿Sus valores reflejan los valores de Dios? La vida *no gira* en torno a usted. Usted no es el centro, Dios *lo es*. Usted no está a cargo, Dios *lo está*. Su vida en Cristo tiene un propósito particular: *glorificar a* Dios.

¿Cómo hace eso? Ama a Dios y ama a los demás. Sirve a Dios y sirve a los demás. Trabaja para Dios y trabaja con los demás. Su vida fue diseñada para glorificar a Dios dirigiendo, trabajando, sirviendo y maximizando Su creación para los propósitos de Su reino.

Mis relaciones

¿Está Dios *primero* en sus *relaciones?* Las relaciones le importan a Dios, y le deberían importar a usted. Dios quiere que sea como *Cristo* en la escuela, en el trabajo, con sus amigos y con su familia. Él quiere que modele el *carácter* de Cristo, incluso con aquellos que regularmente ponen a prueba su paciencia o incluso a veces lo ponen de mal humor.

El deseo de Dios es que usted desarrolle *ricas* amistades espirituales con Su pueblo y amistades *genuinas* con aquellos que no conocen a Cristo. Su deseo es que usted *entrene a los* creyentes en su crecimiento espiritual mientras continúa aprendiendo de Cristo y de Su gente.

Mis recursos

¿Es Dios lo *primero* en la manera en que maximiza Sus *recursos?* ¿*Prioriza* consistentemente Su reino y aplica Sus principios en la manera en que *administra* y *maximiza* lo que Él le ha provisto? Dios no espera que administre o maximice lo que no tiene. Pero sí tendrá que rendir *cuentas* de los recursos que Dios le ha dado para expandirse para Su gloria.

¿Es Dios lo *primero* en la manera en que maximiza su *tiempo?* Su tiempo en esta tierra es *limitado*. Dios le ha dado una medida de tiempo para usarla para Sus propósitos eternos. Puede desperdiciar este recurso limitado o puede maximizarlo para los propósitos de Su reino.

Usted no puede comprar más tiempo o extender su día más allá de las veinticuatro horas. Debe aprovechar cada día al máximo para hacer lo mejor que pueda con el tiempo que tiene.

¿Está Dios *primero* en la manera en que maximiza sus *talentos*? ¿Está aprovechando al máximo su singularidad, personalidad, preferencias y habilidades especiales? No hay otra persona en la tierra como usted. Esto *no es* casualidad.

¿Es Dios lo *primero* cuando busca desarrollar sus *habilidades*? ¿Usa intencionalmente su educación, capacitación y experiencias para *servir a* los propósitos del reino de Dios? Dios le dio la capacidad de *prosperar*. Cerciórese de maximizar lo que Él le ha dado.

Usted fue formado de una manera especial por el Señor para cumplir Sus propósitos eternos. Procure ser la persona que *Dios* diseñó para que fuera, para que otros puedan ver con claridad la sal y la luz expresada en su vida todos los días.

¿Está Dios *primero* en la manera en que administra y maximiza sus *tesoros*? No hay mejor *indicador* de lo que guía a su corazón en este mismo momento que el lugar *dónde* ha *colocado* su tesoro. Su corazón *siempre* va a estar en el sitio donde usted coloca su tesoro.

Dios quiere que dé, ahorre, invierta y gaste de maneras que lo *honren*. Pero como mencionamos anteriormente, Él debe ser el *primero* en cada área, incluyendo sus finanzas y posesiones materiales.

Mi salud

¿Es Dios lo *primero* en la manera en que cuida su *salud*? ¿Realmente cree que su cuerpo es *templo* del Espíritu Santo (1 Corintios 6:19-20)? Tener una vida disciplinada, en la forma como cuida su salud y en otras áreas, *maximiza* su impacto para los propósitos de Dios.

No honra a Dios en absoluto cuando se vuelve *perezoso* en esta área. Debe establecer hábitos *sostenibles* de ejercicio, nutrición, descanso y sueño. Necesita *reponer* su mente y alma con tiempos planificados de silencio y soledad.

Si continuamente descuida el manejo y cuidado de su cuerpo, en el futuro *experimentará una crisis de* salud física, emocional o mental.

Que este viaje en el que nos embarcamos juntos le ofrezca una perspectiva más completa y *bíblica* de cómo Dios quiere bendecir a otros *a través de su vida* mientras busca a Dios *primero* en cada una de estas áreas.

Semana 2

El cimiento

Día 1

La perspectiva de Dios:
Dios es dueño de todo; yo no soy dueño de nada

1 Crónicas 29:11–13: *Tuya es, Señor, la magnificencia y el poder, la gloria, la victoria y el honor; pues tuyas son todas las cosas que están en los cielos y en la tierra. Tuyo es, Señor, el reino. ¡Tú eres excelso sobre todas las cosas! De ti proceden las riquezas y la gloria. Tú dominas sobre todo. En tu mano están la fuerza y el poder, y en tu mano también está el engrandecer y el dar poder a todos. Por eso ahora, Dios nuestro, alabamos y loamos tu glorioso nombre.*

Todo *comenzó* con Dios. La creación de Dios sigue funcionando gracias a Su sabiduría y poder. El Señor mantiene todo unido. En última instancia, todas las cosas conducirán a la gloria eterna de Dios. Comenzamos este importante estudio reconociendo que Dios es la *fuente* de toda la vida y la creación. Dios es el dueño de *todo;* usted no es dueño de *nada.* ¿Por qué es esto tan importante?

Si quieres la bendición de Dios en tu vida, si desea que su vida marque una diferencia para el reino y la gloria de Dios, entonces debe *aceptar* el hecho de que Dios es dueño de todo en su vida.

Usted es el representante de Dios—el *administrador de Dios*—en la tierra para cumplir *Sus* propósitos. Si vive como dueño en lugar de administrador de Dios, *compite* con el dueño. No necesita ser un científico espacial para saber que cuando compite con Dios, con seguridad *perderá.*

En cambio, si acepta esta perspectiva bíblica, como administrador de Dios, en *cada* área de su vida, será bendecido en gran medida mientras esté en la tierra y eternamente en el cielo.

Dios es el dueño, y usted es Su administrador.
Usted es responsable de maximizar los recursos de Dios.

Aunque podemos mencionar miles de cosas que le pertenecen a Dios, hagamos algunas indicaciones prácticas. Solo encierre con un círculo las áreas en negrita que le ha dado *completamente* a Dios para que las use para *Sus* propósitos.

Mi **iglesia** es la iglesia de Dios. Jesús murió por Su iglesia. Soy un miembro *activo* de mi iglesia local. Busco maneras de *amar* y *servir a* mi iglesia. Comparto lo que he aprendido con otros para animar su fe. Me *reúno* semanalmente, *sirvo* con alegría y *doy* fielmente para ver a Cristo exaltado.

Mi **tiempo** le pertenece a Dios. Le pido a Dios que me dé *nuevas* formas de servirle y de animar a otros a seguir a Jesús. Le doy a Dios la *mejor* parte de mi día. Saco tiempo a *diario* para estar con Dios.

Mi **vida espiritual** es de Dios. *Permanezco* en la presencia de Cristo mientras leo la Palabra de Dios y oro.

Mi **propósito** es el de Dios para mi vida. *Dios* determina cuáles son mis valores, prioridades y responsabilidades. Su misión es *mi* misión. Ya no vivo para mí. He sido *crucificado* con Cristo (Gálatas 2:20). Cristo vive libremente a través de mí.

Mis **tesoros** le pertenecen a Dios. Maximizo *cada* recurso para los propósitos eternos de Dios. Me concentro más en lo que puedo *dar* para promover el reino de Dios que en lo que puedo *guardar* para mí. *Crezco* en la *gracia* de dar. Devuelvo a Dios lo que me ha confiado.

Mis **relaciones** sirven a los propósitos de Dios. Amo de manera *intencional* a las personas y honro a Cristo en mis relaciones. Sirvo *a* mi familia, amigos, compañeros de trabajo y vecinos con gracia y verdad.

¿Qué *practico* regularmente que demuestre mi *creencia de* que Dios es el dueño de todo?

Mis **capacidades** le pertenecen a Dios. Dios me da el *poder* de producir. Hago lo mejor que puedo para *honrar a* Dios con mis capacidades. Mis **talentos** le pertenecen a Dios. Mis capacidades naturales—las que vienen de nacimiento—se utilizan para *servir a* Dios y *alcanzar a las* personas.

Mis **habilidades** le pertenecen a Dios. Las habilidades aprendidas que he desarrollado con el tiempo están en las manos de Dios. Él las ha usado para *Sus* propósitos y continúa usándolas como una *herramienta* para enseñar a otros.

Mi **formación** es por la gracia de Dios. Todo lo que he aprendido en *la escuela*, toda mi capacitación *laboral* y *educación* está siendo utilizada para ayudar a las personas a ver los caminos de Dios. Sigo aprendiendo con el *objetivo de* servir *mejor a Dios* y a los demás.

Mi **personalidad** es un *regalo* de Dios. Maximizo la forma en que Dios me ha conectado internamente para *servirle*. Acepto nuevos *retos* para crecer. Busco entenderme mejor para ser una herramienta más *eficaz en* la obra del Señor. Mi **salud** también es un regalo. Honro *a* Dios con mi templo viviendo una vida *santa*, comiendo *saludablemente*, descansando bien y haciendo ejercicio con regularidad.

¿Qué áreas de mi vida el Señor me *desafía a maximizar* para Sus propósitos y gloria?

Día 2

Mi respuesta:
Servir fielmente como Administrador de Dios

1 Corintios 4:2: *Ahora bien, de los administradores se espera que demuestren ser dignos de confianza.*

Al tener un entendimiento más amplio de la propiedad *total de Dios* sobre todas las cosas, incluida su vida, su respuesta más *lógica* es adorar a Dios dedicando su vida al servicio fiel del Señor. Es mucho para procesar en una frase, ¿verdad? Estoy de acuerdo.

En la Biblia, el principio de la fidelidad es la expectativa *clara* del siervo de Dios. Como mayordomo de Dios—el término bíblico para administrador—se *requiere que usted sea fiel en su servicio a Cristo*. En el reino de Dios, la fidelidad es la regla, *no* la excepción. Considere los siguientes versículos—y mi énfasis—mientras descubre la *expectativa* del servicio fiel.

Y su señor le dijo: "Bien, buen siervo y fiel; sobre poco has sido fiel, sobre mucho te pondré. Entra en el gozo de tu señor." (Mateo 25:21)

Pero ya sea que estemos ausentes o presentes, siempre procuramos agradar a Dios. Porque es necesario que todos nosotros comparezcamos ante el tribunal de Cristo, para que cada uno reciba según lo bueno o lo malo que haya hecho mientras estaba en el cuerpo. Así que, puesto que conocemos el temor del Señor, procuramos convencer a todos. Para Dios es evidente lo que somos; y espero que también lo sea para la conciencia de ustedes. (2 Corintios 5:9-11)

El servicio fiel a Cristo tiene recompensas hoy y en la eternidad.

Consideremos lo que quiere decir servir fielmente al Señor. Ya hemos establecido la prioridad de tener la perspectiva *correcta*. Luego, debe haber una *voluntad* de servir. Usted *no* es un robot; Dios no espera que viva como tal. Dios lo invita a Su presencia y lo *equipa* para Su servicio. Pero la decisión de servir es *suya*.

El *motivo* de su servicio fiel es importante. Es posible servir a Dios con un motivo malvado. Sucede todos los días. Dios está buscando siervos *"buenos"*. Él quiere que su servicio sea para Su gloria, no para la suya. Él quiere que usted cumpla Sus prioridades por encima de las suyas y Sus planes por encima de los suyos.

La meta de su fidelidad debe ser *agradar a* su Señor. Jesús dio su vida por usted. Él pagó el precio máximo para redimirlo. Lo único que tiene sentido es servir diligente *y* fielmente para complacer a su Salvador resucitado.

La fidelidad es la marca distintiva de un administrador piadoso.

La responsabilidad es otra función de la fidelidad. La idea aquí es enfocarse en las prioridades correctas y trabajar, lo mejor que pueda, para completarlas. De esto se trata maximizar su vida. Usted es responsable de trabajar *con* Dios para lograr Sus propósitos a través de Su iglesia. *La irresponsabilidad* es saber lo que tiene que hacer y *no* hacerlo. ¿Cuál ha escogido continuamente a lo largo de los años?

La meta de su fidelidad debe ser agradar a su Señor.

El último factor a considerar es tener claro a *quién* está sirviendo. Puede servir fielmente a la persona *equivocada*. Puede trabajar fácilmente toda su vida para cumplir la misión y el propósito de otra persona, incluso el suyo propio.

Pero el servicio fiel en nuestro contexto es *diferente*. Quiere decir que sirve a Dios por medio de Jesucristo. ¿Por qué no enfocarse en la única misión que perdurará sobre todas las demás? ¿Por qué no enfocar su vida en lo que es eterno?

Considere estas dos preguntas a continuación. Escriba algunos pensamientos. Compártalos con su grupo cuando se reúnan.

¿Qué áreas *disfruta* más al servir a Cristo?

¿Qué puede hacer para adquirir *mayores* habilidades y competencia en estas áreas?

Día 3

Mi Actitud: Estar Contento

Colosenses 3:23-24: *Y todo lo que hagan, háganlo de corazón, como para el Señor y no como para la gente, porque ya saben que el Señor les dará la herencia como recompensa, pues ustedes sirven a Cristo el Señor.*

Los administradores piadosos se caracterizan por la fidelidad *y el* contentamiento en cada tarea que realizan. Como administrador elegido por Dios, la actitud que adopte mientras sirve al Señor marca una *gran* diferencia. Pablo nos dice que la piedad acompañada de contentamiento es gran ganancia (1 Timoteo 6:6).

Nadie quiere trabajar con alguien que *constantemente se* queja o crea tensión con los demás. Y sí, a veces vemos esta misma actitud en las reuniones de la iglesia.

El contentamiento es una *característica* de la fidelidad. Los dos son inseparables. Ambos son la actividad del Espíritu Santo. Y ambos deben marcar su vida de manera constante.

Pero, ¿qué sucede si el contentamiento es verdaderamente difícil para usted? ¿Qué pasa si es mucho más sencillo para usted resaltar lo que le *falta* en lugar de lo que *tiene?*

No hay necesidad de alarmarse. No está solo. Muchas personas, incluidos los creyentes, luchan con el contentamiento. *"Trabajar de corazón"* no es tan fácil como parece. ¡Pero hay buenas noticias!

Usted puede aprender a estar contento. El contentamiento es una habilidad de *carácter* que se puede *desarrollar* con el tiempo. Entonces, ¿cuál es el *secreto* para experimentar el verdadero contentamiento?

El contentamiento es el fruto de una vida de satisfacción en Cristo.

El contentamiento surge de una relación permanente con Jesucristo. Un administrador piadoso encontrará su satisfacción y contentamiento en la presencia de su Salvador. La calidad y cantidad de esta relación es lo que transforma continuamente su actitud.

No tiene que leer otros diez libros sobre cómo tener una gran actitud. Asistir a otro seminario sobre ser feliz en el trabajo tampoco ayudará. Es el desbordamiento de esta relación espiritual lo que le proporciona la perspectiva correcta sobre su servicio.

¿Tiene dificultades para estar contento?

¿Le resulta difícil encontrar alegría al servir a Cristo y a su iglesia?

Recuerde *que no* está solo en esta lucha. Todos tenemos dificultades en diferentes momentos, y de diferentes maneras para estar contentos con lo que tenemos. Entonces, ¿cómo podemos progresar exactamente en esta área de nuestras vidas? Hay una relación *directa* para ayudarlo a entender y aplicar.

Cuanto más permanezca en la presencia de Dios, más aumentará su nivel de contentamiento.

Aquí hay otro lado del contentamiento. No necesita todo lo que los comerciales de televisión y los anuncios de las redes sociales dicen. Más cosas no *equivalen* a más satisfacción. Es posible que tenga más cosas que administrar, pero eso no lleva a una mayor satisfacción personal en la vida.

Puede aprender a estar contento con menos cosas materiales si su relación con Cristo es espiritualmente rica.

Porque nada hemos traído a este mundo, y sin duda nada podremos sacar. Así que, si tenemos sustento y abrigo, contentémonos con eso. (1 Timoteo 6:7-8)

La piedad con contentamiento es de gran ganancia.

Como administrador piadoso, no es infiel sino fiel; no es descuidado, sino responsable; no es temeroso, sino confiado; no es mentiroso, sino honesto; no es derrochador, sino eficiente; no es perezoso, sino productivo; no es tímido, sino valiente; no es egocéntrico, sino centrado en Dios; no está descarrilado, sino alineado; y no está insatisfecho sino *contento*.

¿En qué áreas de su vida le falta contentamiento?

¿Qué ha aprendido sobre *incrementar* su contentamiento en el desarrollo de una relación duradera con Cristo?

Día 4
Mi expectativa: administrar y maximizar

Mateo 25:14-17: *"Porque el reino de los cielos es como un hombre que, al irse de viaje, llamó a sus siervos y les entregó sus bienes. A uno le dio cinco mil monedas de plata; a otro, dos mil; y a otro, mil, a cada uno conforme a su capacidad; y luego se marchó. El que había recibido cinco mil monedas negoció con ellas, y ganó otras cinco mil. Asimismo, el que había recibido dos mil, ganó también otras dos mil."*

Aunque la época antigua era distinta a nuestra vida actual, hay similitudes en cosas como las *responsabilidades* y *las expectativas*, que se trasladan al mundo de hoy. Un *talento* era reconocido como una *medida* de peso—y una unidad de dinero—utilizada para realizar negocios.

Los estudiosos estiman que un talento tiene un valor monetario de más de quince años de trabajo. Un talento también representaba una medida específica de *responsabilidad.*

Esta parábola puede ser aplicada ampliamente, tiene que ver con incluir todos los recursos que Dios le ha dado y maximizarlos para Sus propósitos. Para guiarnos, enfoquémonos principalmente en algunos elementos fundamentales. Primero, el dueño de la propiedad se fue de viaje y *encomendó* a sus sirvientes para que *administraran* y *maximizaran* sabiamente su propiedad hasta que regresara.

Piense en la aplicación de esto para su vida. Dios *le* confía *Su* propiedad, los recursos que tiene, según la capacidad que Él le ha dado. Dios *cree* en su capacidad para maximizar bien Sus recursos. Ya tiene todo lo que necesita para hacer *todo lo que* Dios lo ha llamado a hacer. ¡Dios sabe que puede hacerlo!

Jesús le confía la administración y maximización de Sus recursos hasta que Él regrese por Su Iglesia.

Dios le *presta temporalmente* Sus recursos para que usted los administre y maximice en Su nombre. Todos estos recursos le pertenecen a Dios, pero la responsabilidad de maximizar estos recursos es *suya.* Usted tiene una medida de responsabilidad basada en la capacidad que Dios le ha dado. La expectativa es que haga lo *mejor* que pueda con lo que se le ha dado. El dueño, Dios, espera un buen *retorno* de Su patrimonio.

No se vuelva perezoso y relajado con lo que tiene, ¡maxímícelo!

Observe los tres niveles de *"capacidad"* en esta parábola. Lo que esto quiere decir es que Dios le da lo que Él *sabe* que usted puede *administrar* y *maximizar* para Su reino. Por eso es una locura compararse con los demás. Observe el flujo: *cinco, dos* y *uno*. Si usted es un *"dos"*, Dios no espera que maximice Sus recursos como un *"cinco"*. Pero lo que Dios espera, si usted es un *"dos"*, es que maximice Sus recursos en ese nivel.

5 —> 2 —> 1

Dios espera que usted maximice Sus recursos actuando con eficiencia y produciendo un buen rendimiento.

Observe cómo respondieron los primeros dos sirvientes. Tan pronto como el dueño les dio su talento, *empezaron a* moverse como corredores olímpicos y se pusieron a *trabajar*. No era el momento de tomarse unas largas vacaciones—aunque sí se necesitan tiempos de descanso—era el momento de trabajar. Fíjese en su compromiso de complacer a su dueño y ocuparse de los negocios.

No hubo vacilación. Los dos primeros sirvientes tenían clara su misión. Sabían lo que el dueño esperaba de ellos. ¿Tiene usted claro lo que Dios espera que haga con lo que le ha dado?

El primer siervo —con cinco talentos— duplicó la propiedad del dueño. Un trabajo bien hecho. ¿Qué paso práctico puede dar hoy para ser más productivo en la administración y maximización de los recursos de Dios?

El segundo siervo —con dos talentos— también duplicó la propiedad del dueño. Otro trabajo bien hecho.

Ambos sirvientes entendieron lo que se esperaba y tomaron acción de inmediato. Ambos sirvientes aprovecharon sus capacidades dadas por Dios como se esperaba. Ambos sirvientes trabajaron para complacer al dueño de la propiedad. Ambos sirvientes administraron y aprovecharon al máximo lo que pertenecía al dueño.

¿Qué pasos prácticos puede dar hoy para maximizar la medida de responsabilidad que Dios le ha dado?

Día 5

La contabilidad de Dios: Soy Responsable

Mateo 25:18-30: *"Pero el que había recibido mil hizo un hoyo en la tierra y allí escondió el dinero de su señor. Mucho tiempo después, el señor de aquellos siervos volvió y arregló cuentas con ellos. El que había recibido las cinco mil monedas se presentó, le entregó otras cinco mil, y dijo: "Señor, tú me entregaste cinco mil monedas, y con ellas he ganado otras cinco mil; aquí las tienes." Y su señor le dijo: "Bien, buen siervo y fiel; sobre poco has sido fiel, sobre mucho te pondré. Entra en el gozo de tu señor." El que había recibido las dos mil monedas dijo: "Señor, tú me entregaste dos mil monedas, y con ellas he ganado otras dos mil; aquí las tienes." Su señor le dijo: "Bien, buen siervo y fiel, sobre poco has sido fiel, sobre mucho te pondré. Entra en el gozo de tu señor." Pero el que había recibido mil monedas llegó y dijo: "Señor, yo sabía que tú eres un hombre duro, que siegas donde no sembraste y recoges lo que no esparciste. Así que tuve miedo y escondí tu dinero en la tierra. Aquí tienes lo que es tuyo." Su señor le respondió: "Siervo malo y negligente, si sabías que yo siego donde no sembré, y que recojo donde no esparcí, debías haber dado mi dinero a los banqueros y, al venir yo, hubiera recibido lo que es mío más los intereses. Así que, ¡quítenle esas mil monedas y dénselas al que tiene diez mil!" Porque al que tiene se le dará, y tendrá más; pero al que no tiene, aun lo poco que tiene se le quitará. En cuanto al siervo inútil, ¡échenlo en las tinieblas de afuera! Allí habrá llanto y rechinar de dientes."*

Desafortunadamente, uno de los sirvientes *no* siguió el ejemplo de los dos primeros. Aunque se le dio un solo talento, la expectativa era la *misma:* administrar y multiplicar la propiedad del dueño. Las expectativas eran *claras*, las habilidades estaban *presentes* y la oportunidad de hacer el trabajo estaba *disponible*.

El dueño dio a su sirviente la libertad de usar todo lo que tenía a su alcance para *acrecentar* su propiedad. Al igual que con los dos primeros, *confió en que* este siervo trabajaría diligentemente y produciría un buen rendimiento.

Pero a diferencia de los dos primeros, este sirviente era *perezoso*. La pereza es el *camino* a la destrucción personal. ¿Es usted perezoso? ¿Cómo lo sabe?

La pereza es cuando uno sabe lo que tiene que hacer, pero decide no hacerlo.

Este sirviente perezoso tenía la capacidad *suficiente* para complacer al dueño de la propiedad al maximizar su único talento.

Desafortunadamente, decidió no hacerlo. Por el contrario, eligió hacer lo que era *fácil* y *conveniente*.

Eligió *enterrar* lo que el dueño esperaba que *maximizara*.

Eligió *ocultar* lo que el propietario esperaba que *mostrara a los* demás.

Eligió hacer algo *fácil* en lugar de trabajar *diligentemente*.

Eligió hacer algo de *momento*—para su conveniencia y comodidad, en lugar de actuar a *largo plazo*, en beneficio del propietario.

No esconda lo que Dios le ha dado para maximizar.

El sirviente número tres era el único que *sabía* dónde estaba enterrado el talento. Si algo trágico le ocurriera al propietario, se quedaría con el talento. La esencia de la maldad es cuando usted *está* en el *centro* de su toma de decisiones en lugar de Dios.

Lo que este sirviente perezoso olvidó fue la *certeza* del regreso del dueño. ¡No cometa ese error! No crea que tiene muchos años por delante. Usted no conoce el futuro. *¡No* sea perezoso!

Aunque ha pasado *"mucho tiempo"*, Jesús *prometió* regresar. Y con Su regreso, seguramente usted dará *cuentas* de cómo ha administrado Su propiedad. Cuando se encuentre con su Señor, que sea un momento de mucha alegría, *no de* profundo arrepentimiento.

Comience a hacer lo que sabe que Dios espera que haga con Su propiedad. No sea *perezoso;* trabaje *diligentemente* por el bien del reino de Dios. *Vaya* y *cuénteles a* otros sobre la salvación de Dios a través de Cristo. *Enséñeles* cómo conocer a Cristo. *Muéstreles* cómo vivir para los propósitos de Dios.

No *entierre* ni esconda lo que Dios le ha dado para maximizar.

No *busque* el camino fácil.

No sea *egoísta* en su toma de decisiones.

Usted no es el centro del universo. *Dios lo es.*

Es una tontería pensar que no será responsable por lo que Dios le ha dado para maximizar para Su reino.

En lugar de ser perezoso o esconder las cosas, *actúe*. En vez de buscar lo que es fácil, busque *la voluntad de Dios*. Confíe en que Dios *bendecirá* lo que le ha dado una vez que *comience* a trabajar para maximizarlo para Su reino.

¿Qué le ha dado Dios que actualmente está escondiendo y no maximizando para Su reino? ¿A qué le tiene miedo?

Semana 3

Mi vida espiritual

Día 6

El Mandamiento: "Arrepiéntase"

Mateo 4:17-18: *Desde entonces Jesús comenzó a predicar, y decía: «Arrepiéntanse, porque el reino de los cielos se ha acercado.» Mientras Jesús caminaba junto al lago de Galilea, vio a dos hermanos, Simón, llamado Pedro, y Andrés, que estaban echando la red al agua, pues eran pescadores.*

Fue el punto de partida de un ministerio lleno de poder, compasión, claridad y sufrimiento. El Hijo de Dios, Jesucristo, inició Su ministerio público con un *mandato directo*, una *invitación personal* y una *promesa* garantizada. ¿Y con qué propósito?

Jesús vino a *glorificar* al Padre. Este fue Su objetivo desde el principio. Y a través de Su muerte sacrificial en la cruz, posterior sepultura y sorprendente resurrección, Jesús—nuestro Salvador—*conquistó el* pecado y la muerte para reconciliarlo *con* Dios.

El mandato

Pedro y Andrés habían encontrado a Jesús antes de este momento. Sabemos que Andrés escuchó a Juan el Bautista declarar que Jesús era *"el Cordero de Dios"* (Juan 1:35-42). Andrés le dijo a su hermano Pedro: *"Hemos encontrado al Mesías"*, y le presentó a Jesús. Ahora avanzamos rápidamente a su próximo encuentro con Jesús. Y este fue *muy* distinto.

> **Cuando verdaderamente se arrepiente, confiesa sus pecados y no pone excusas por ellos. Por el contrario, cuando se niega a arrepentirse, esconde sus pecados y se excusa por ellos.**

Todo comenzó con el mandato de *"arrepentirse"*. Arrepentirse significa *transformar drásticamente* su *mente*—la forma en que piensa— lo que lleva a un cambio de *dirección* en su vida. Quiere decir que deliberadamente *cambia* su forma de pensar por la forma de pensar de Dios. Esta no es una actividad casual o un enfoque pasivo del cambio. El arrepentimiento es *altamente* intencional.

El arrepentimiento es radical y está *orientado a la acción*. Es también *sobrenatural* y *transformador*. ¿Por qué? Porque el Espíritu de Dios es quien lo está guiando al arrepentimiento (Juan 16:8). Y cuando se arrepiente, el cambio es *visible*.

Mentía regularmente a los demás, pero ahora dice la *verdad* con amor. Negaba sus pecados, pero ahora los *admite* y *confiesa*. Vivía para complacerse a sí mismo, pero ahora vive para agradar a *Dios*. Maldecía e ignoraba continuamente a Dios, pero ahora lo *adora*.

¿Y usted? ¿Ha permitido que Dios *cambie radicalmente* su forma de pensar para que se *alinee* con Su santa Palabra?

Al reflexionar sobre sus pecados, ¿la tristeza, el remordimiento y el arrepentimiento llenan su corazón? Quizás en este momento esté pensando: ¿Qué tiene que ver el arrepentimiento con mi alineación espiritual ante Dios?

Dios quiere que evalúe CADA área de su vida a la luz de Su Palabra. Y cuando haya desalineación, ARREPIÉNTASE— cambie de inmediato su forma de pensar—confiese sus pecados y cambie radicalmente su dirección.

Todos tenemos *puntos ciegos espirituales*. Y estos puntos ciegos nos *impiden* ver la realidad de nuestros pecados en nuestra vida diaria. Y cuando no vemos nuestros pecados, tampoco los confesamos. Cuando esto ocurre, nuestra relación con Cristo *se resiente*. Además, la forma en que percibimos las otras responsabilidades espirituales en nuestras vidas también se verá afectada.

¿Ha estado de *acuerdo* con Dios sobre la existencia del pecado en su vida? ¿Ha *confesado honestamente* sus pecados a Dios? ¿Hay alguna diferencia entre lo que Dios dice y lo que usted está *haciendo?*

¿Le ha pedido a Dios que lo *perdone* por pecar contra Él? Aunque no está libre de pecado, ¿peca *progresivamente menos?*

Arrepiéntase —> Cambie su forma de pensar —> Cambie de dirección

Recuerde, es su responsabilidad *examinar regularmente* su vida a través del *lente* de la Palabra de Dios. El Espíritu Santo también lo examina.

Pero si *limita* su acceso a la Palabra de Dios o *ignora* Su voz, seguramente vivirá de una manera espiritualmente *perezosa* e *irresponsable*. Y cuando esto ocurra, *limitará* la obra de Dios en su vida y el fruto que Él quiere producir a través de usted.

¿Qué puntos ciegos pecaminosos le han ayudado otros a identificar? ¿Se ha arrepentido de estos puntos ciegos?

Día 7

La Invitación: "Sígueme"

Mateo 4:17-19: *Desde entonces Jesús comenzó a predicar, y decía: «Arrepiéntanse, porque el reino de los cielos se ha acercado.» Mientras Jesús caminaba junto al lago de Galilea, vio a dos hermanos, Simón, llamado Pedro, y Andrés, que estaban echando la red al agua, pues eran pescadores. Jesús les dijo: «Síganme...»*

Usted puede ver el corazón de la fe cristiana en una simple frase: *"Sígueme"*. Estos discípulos debían seguir y aprender de Jesús a un nivel *más profundo* del que tenían cuando siguieron a su padre quien les enseñó a pescar.

Estos individuos no eran políticos. No eran rabinos que dirigían sinagogas ni los hombres más educados. Ninguna de estas cosas importaba. Estos hombres ordinarios fueron *llamados* por Dios mismo para seguirlo. Y usted también lo es.

Usted es espiritualmente responsable de administrar y maximizar su *vida interior*, *su* relación espiritual con Jesús. Al igual que los discípulos, debe *comprometerse* a seguir a Jesús. Y cada día, debe recordarse esta promesa.

Tenga cuidado. A veces puede sentirse frustrado por su *lento* progreso o por lo mucho que *aún* debe aprender. No se desanime. Desarrollar su vida interior requiere un compromiso de por vida, no un entrenamiento de pocas semanas. Simplemente *siga* adelante.

No todos los que comienzan a seguir a Jesús y a obedecer sus enseñanzas lo conocen personalmente. Todavía están explorando y haciendo preguntas. Si usted dice: "Ahí es donde me encuentro hoy", lo animo a leer la última sección de este devocional: *Cómo me convierto en cristiano*.

Mientras continúa *aprendiendo* de Jesús y *obedeciendo* Sus mandamientos, *entenderá* Su singularidad como Dios encarnado y Su propósito especial para su vida. ¡Pero espere, hay más! El Espíritu Santo lo *guiará* a toda la verdad mientras estudia la Palabra de Dios y se somete a Sus caminos.

El Dios que creó todo el universo le ha extendido una invitación personal para que lo siga y lo conozca.

¡Guau! Este es el Dios que *mantiene* todo unido por Su poder y gloria ilimitados. Este es el Dios que *dejó* Su trono en el cielo para ser su *redentor*. Y cada día es otra oportunidad increíble para aprender del Salvador y verlo obrar.

Aquí hay algunas preguntas para examinar en oración:

¿Creo realmente que Dios desea *reunirse* conmigo todos los días?

¿Qué tiempo de mi agenda he *separado* para Jesús esta semana?

¿Le doy a Dios el *mejor* momento de mi día o el tiempo que me *sobra*?

¿Tengo *energía* para Dios? ¿Estoy emocionado de tener un encuentro con Él?

¿Qué he *aprendido* de Jesús y sobre Jesús?

¿Qué estoy *descubriendo* sobre Su amor, misericordia, justicia y gracia?

¿En qué o en quién se enfoca Jesús cuando leo sobre Su ministerio?

¿Estoy enfocado en esas cosas? Si no, *¿por qué* no?

Indicadores espirituales

¿Cómo sabe si está siguiendo *bien a Jesús?* ¿Cómo sabe si está maximizando su vida interior? Aunque hay muchos factores, aquí hay algunos indicadores esenciales.

Desarrolló el *hábito diario* de leer la Palabra de Dios.

Obedece la *Palabra* de Dios con entusiasmo y de inmediato al entender cómo se aplica a su vida.

La calidad y frecuencia de su vida de oración ha *aumentado*.

Es cada vez más *consciente* de sus pecados; busca regularmente la misericordia, la gracia y el perdón de Dios.

Su amor y compasión por la gente está *creciendo*.

Buscas regularmente nuevas formas de *servir* bien a los demás.

Busca formas de *compartir* su historia de fe en conversaciones y reuniones diarias.

A medida que aumente su *seguimiento* y su *conocimiento*, aumentará su forma de *compartir*. ¿Qué personas a su alrededor necesitan *escuchar* su historia de fe? ¿Qué puede hacer esta semana para *contárselas*? Todo *comienza* con seguir a Jesús y aprender de su Señor.

Esta semana, ¿qué debería ajustar en su agenda para pasar más tiempo siguiendo a Jesús y aprendiendo de Él?

Día 8

La Promesa:
"Y los haré pescadores de hombres"

Mateo 4:19-20: *Jesús les dijo: «Síganme, y yo haré de ustedes pescadores de hombres.» Ellos entonces, dejando al instante las redes, lo siguieron.*

Cuando aceptamos una nueva oferta de trabajo, esta puede suponer una gran diferencia profesional y financiera. Pero cuando Jesús extiende una invitación, combina la promesa de *cambiar* nuestras vidas y *equiparnos* para alcanzar a otros para Su reino. Quizás se pregunte, ¿Y con qué propósito? Para *glorificar* al Padre y cambiar *más* vidas.

"Y yo"

Para empezar, Jesús es el *responsable* de su transformación. A través del Espíritu Santo, el Señor lo transformó de las tinieblas a la luz. Y, por cierto, eso fue solo el comienzo. En este momento, Él *continúa* haciendo Su trabajo de perfeccionamiento *en* su vida.

Y finalmente, el Señor *terminará* Su obra de gracia *en* y a *través de* su vida. ¡Eso es muy reconfortante! El Apóstol Pablo nos recuerda:

> *Estoy persuadido de que el que comenzó en ustedes la buena obra, la perfeccionará hasta el día de Jesucristo. (Filipenses 1:6)*

"Haré de ustedes"

Una de las marcas distintivas de su salvación—su transformación espiritual en Cristo—es el *cambio progresivo* y piadoso. En otras palabras, usted *no* es la misma persona que alguna vez fue.

Este cambio indica el poder y la promesa de Cristo para su vida. Jesús prometió *salvarlo* de la pena del pecado y *liberarlo* del poder del pecado. Mientras ajusta su horario para dar prioridad a Jesús al pasar tiempo con Él todos los días, el *cambio* es la consecuencia predecible de este encuentro. Usted no puede permanecer en la presencia de Jesús *sin* lograr un cambio.

Maximizar su vida interior *no consiste* en *hacer* más actividades para Dios. Tiene que ver con *permanecer* más tiempo en la presencia de Dios para *recibir* lo que Él tiene para usted.

Se trata de *regocijarse* en Su presencia—en alabanza y acción de gracias—y dar con generosidad a *otros* lo que ha recibido del Señor.

Parte de esta liberación es *invitar* a la gente a seguir a Jesús. No debe tener miedo de dar este paso. Ya que Dios es quien está haciendo el *cambio* en su vida, Él también está *trabajando* en los corazones de los demás para producir buen fruto espiritual.

Dios le pide que invite a otros a Su familia diciéndoles primero *cómo* usted fue traído a Su familia.

Dios lo cambiará por el poder de Su presencia.

"Pescadores de hombres"

Los discípulos fueron *enviados* a ser "pescadores de hombres" y a llevar a otros hacia el Salvador por medio del mensaje de salvación y la fe en Jesucristo. Aunque primero aprendieron a atrapar *peces,* Jesús les enseñó a pescar *personas.* Asimismo, Jesús le dice a usted que *"vaya"* y pesque personas. ¿Qué quiere decir eso exactamente? Me alegra que lo pregunte.

Su experiencia, habilidades y talentos le ayudan a satisfacer sus necesidades *físicas.* Pero la pesca espiritual requiere poder *espiritual.* Para llevar a personas a Jesús, el Espíritu es quien *produce* en usted el deseo de *ir* y *hablarles* sobre Jesús. También crea en los demás la *voluntad* de responder positivamente al mensaje del Evangelio.

Una gran parte de su crecimiento espiritual y responsabilidad es tomar *acción* para *contarles a* otros sobre Jesús.

¿Qué es lo mejor de todo esto? Primero, *Dios* hace la obra de *transformación* en los corazones de aquellos con quienes usted habla. Y segundo, usted puede *ser* usted mismo. ¡Sea usted mismo! Dios quiere que use todo lo que Él le ha dado para compartir su historia de fe con otros. Entonces, saque su caña de pescar espiritual —o red— y *comience* a pescar personas.

Si solo tuviera esta semana de vida, ¿cuáles serían las 10 personas con las que compartiría intencionalmente el mensaje de salvación de Dios?

Día 9

Mi respuesta: "De inmediato"

Mateo 4:19-22: *Jesús les dijo: «Síganme, y yo haré de ustedes pescadores de hombres.» Ellos entonces, dejando al instante las redes, lo siguieron. Un poco más adelante, Jesús vio a otros dos hermanos, Jacobo y Juan, hijos de Zebedeo, quienes estaban en la barca, junto a su padre, y remendaban sus redes. Jesús los llamó, y ellos, dejando al instante la barca y a su padre, lo siguieron.*

Cuando mi hijo Luke era más joven, me decía: "¡Papá, *siempre* quiere hacer las cosas *ya!*". Y tenía razón. Si había algo en lo que teníamos que trabajar, ¿por qué esperar? ¡Saquemos el tiempo y hagámoslo ahora! Además, no tenemos garantizado el futuro. Usted sabe esto muy bien, ¿verdad? Cuando espera, con frecuencia otras cosas, no tan importantes, se interponen en el camino y *estropean* cosas más importantes.

Jesús les señaló la misión

Algo que me encanta de leer los Evangelios es la *claridad espiritual* con la que habla Jesús cuando *revela* la voluntad del Padre a sus discípulos. Su ecuación es lógica, directa y desafiante. Seguir a Jesús— permanecer en Su presencia—era lo *principal*. Cuanto más *consistente* sea en su *"seguimiento"*, más *efectivo* será en su *"pesca"*.

La misión de llegar a las personas solo fue precedida por una relación creciente con el Salvador. La *calidad* de su relación con Jesús es lo que *alimenta* su corazón para compartir el mensaje de esperanza de Dios con los demás.

Alcanzar a otros para Jesús depende más de su relación diaria con el Salvador que de cualquier otra cosa.

"Dejando al instante la barca y a su padre"

Me gustan mucho las palabras *"al instante"*. Comunican acción, convicción, obediencia y propósito. Pedro y Andrés parecen haber tenido por lo menos un encuentro anterior con Jesús (Juan 1:35-42). Pero este era diferente. Jesús los estaba llamando para que tuvieran la *experiencia* de conocerlo sirviendo con Él en su equipo ministerial.

Esta es mi parte favorita: *"De inmediato dejaron sus redes"*. Las repercusiones fueron asombrosas. Los hermanos dejaron la seguridad del negocio de pesca de su padre para seguir a un nuevo rabino. ¿Se imagina la mirada en el rostro de su padre cuando le comunicaron su decisión?

"Dejando al instante la barca y a su padre, lo siguieron."

A continuación, tenemos otros dos hermanos, Santiago y Juan. Ellos trabajaban reparando redes rotas, con su padre. Jesús los llama para que le ayuden a restaurar vidas *quebradas*. ¿Y cómo respondieron? Leemos *"dejando al instante la barca y a su padre, lo siguieron."*

No lea eso muy rápido. Dejaron su barca—el símbolo de la seguridad financiera—y a su padre. Un movimiento audaz de hecho. ¿Cómo sería si Dios alcanzara a otros a través de su vida? ¿Está *más* dispuesto a seguir los propósitos de Dios *en lugar* de sus planes?

**La calidad de su relación con Jesús es lo que alimenta
su corazón para compartir el mensaje
de esperanza de Dios con otros.**

Piense en estos cuatro hombres comunes y corrientes. Escucharon la voz de Jesús quien los llamaba a seguirlo. No había manuales para leer o explicaciones en video que les ayudara a tomar su decisión. Todo tenía que ver con *creer* que Jesús era—y es—el Mesías, el Cordero de Dios que quita el pecado del mundo (Juan 1:29).

Eso fue *más* que suficiente para que estos jóvenes discípulos siguieran a Jesús. ¿Es suficiente para usted? Pregúntese:

Cuando Jesús me llama a responder a Su Palabra, ¿la *escucho* y la *sigo?* ¿Qué me *impide* obedecer a Jesús de inmediato?

¿Estoy dispuesto a *arriesgar* mi seguridad financiera para seguir a Jesús más de cerca? ¿Permito que las *finanzas* determinen lo que hago o no hago por Jesús?

¿Estoy dispuesto a trazar un *nuevo* rumbo para dar a conocer a Jesús a los demás? ¿Estoy *más* comprometido con cumplir con las tradiciones o expectativas familiares que a seguir el llamado de Jesús en mi vida?

**¿Qué prioridades debo ajustar para asegurarme
de que las prioridades del reino de Dios
sean las primeras en mi lista?**

Día 10
Mi Prioridad Diaria: Permanecer en Cristo

Juan 14:1-5: *«No se turbe su corazón. Ustedes creen en Dios; crean también en mí. En la casa de mi Padre hay muchos aposentos. Si así no fuera, ya les hubiera dicho. Así que voy a preparar lugar para ustedes. Y si me voy y les preparo lugar, vendré otra vez, y los llevaré conmigo, para que donde yo esté, también ustedes estén. Y ustedes saben a dónde voy, y saben el camino.» Tomás le dijo: «Señor, no sabemos a dónde vas; ¿cómo podemos saber el camino?»*

Cada invitación que hizo Jesús requería una respuesta *personal*. Lo mismo ocurre hoy. Jesús lo invita a *conocerlo* a través de una relación permanente. Jesús es la vid verdadera, y usted es Su pámpano. No puede cumplir su propósito como administrador de Dios sin *permanecer* en la vid —Jesucristo.

¿Por qué no? Porque la administración bíblica es *primero* relacional. Su relación *en* Cristo precede al trabajo que hace *para* Cristo.

Permanecer significa estar en la presencia de Jesús. Cuando permanece, confía, escucha y obedece a su Señor.

Además, como seguidor de Jesús, busca tener *una* relación con Cristo *por encima de* todo. Fue *diseñado* para conectarse con Jesús relacionalmente. Permanecer en la presencia de Jesús *no es* para el "súper creyente" sino para *todo* seguidor de Jesús. Ahora mismo, usted tiene acceso ininterrumpido al Señor. Jesús lo invita y lo llama para que vaya hacia Él.

«Las que son mis ovejas, oyen mi voz; y yo las conozco, y ellas me siguen. Y yo les doy vida eterna; y no perecerán jamás, ni nadie las arrebatará de mi mano. Mi Padre, que me las dio, es mayor que todos, y nadie las puede arrebatar de la mano de mi Padre. El Padre y yo somos uno.» (Juan 10:27-30)

Recibir

Como buen pámpano, aprende a *recibir* de Jesús. Recibir en nuestro contexto significa *conectarse* relacionalmente con Jesús, *permanecer* en su Palabra intencionalmente y *ser cambiado* por su Espíritu de manera progresiva.

Su *principal* prioridad es permanecer en Cristo. Cuando permanece, está *alineado*. Cuando permanece, *prospera*. Si no lo hace, no prosperará. Todo lo espiritualmente productivo en su vida fluye de este hábito diario. Por consiguiente, aparte tiempo para recibir lo que Cristo quiere compartir.

Regocijar

¿Su vida está marcada por el *contentamiento?* El siguiente paso es permanecer *satisfecho* en la presencia de Jesús. Jesús es la *fuente* de satisfacción espiritual. Cuando usted está satisfecho, *todo* cambia. Mira la vida de manera diferente. Experimenta satisfacción y plenitud completas. Quiere decir que tiene suficiente; nada le falta.

Como creyente, una característica visible que debe fluir de su vida es el gozo *continuo de la* alegría. ¿Eso define su vida hoy?

Repartir

Mientras aprenda más y más de Jesús y Su Palabra, Dios maximizará Su obra en su vida. El fruto espiritual es la obra *visible del Espíritu de* Dios a través de la vida de un creyente. Es la forma en que Dios *entrega* esperanza y amor a este mundo. Usted es un representante *elegido* para entregar el amor de Dios a otros. Este trabajo es el resultado de una relación permanente con Jesús. Hoy, alguien necesitará de su esperanza y amor.

En esto es glorificado mi Padre: en que lleven mucho fruto, y sean así mis discípulos. (Juan 15:8)

Un discípulo se caracteriza por un compromiso extraordinario de *conocer a* Jesús y darlo a *conocer* a los demás. Jesús *espera que* sus discípulos entrenen a más discípulos. Este es el fruto espiritual que Dios quiere producir por medio de su vida. Por supuesto, hay diferentes tipos de frutos espirituales. *Permanecer* en Cristo, *alcanzar a las* personas para Cristo y hacer *crecer a las* personas en Cristo son fundamentales para su alineación espiritual.

¿Qué cambios recientes en el trabajo, en su familia o en su comunidad servirían como una nueva manera de demostrar la esperanza y el amor de Dios a través de su vida?

Semana 4

Mi vida espiritual…continuación

Día 11
Santidad: Viva una vida santa

1 Pedro 1:13-16: *Por lo tanto, preparen su mente para la acción, estén atentos y pongan toda su esperanza en la gracia que recibirán cuando Jesucristo sea manifestado. Pórtense como hijos obedientes, y no sigan los dictados de sus anteriores malos deseos, de cuando vivían en la ignorancia. Al contrario, vivan una vida completamente santa, porque santo es aquel que los ha llamado. Escrito está: «Sean santos, porque yo soy santo.»*

Cada vez que lee sobre un atleta que rinde al máximo de manera continua, usted sabe que esto no ocurrió por *accidente*. Al contrario, fue muy *intencional*.

El atleta es excepcional, en parte, debido a su estilo de vida *disciplinado*. Antes, durante y después de que termina la temporada, puede encontrarlo *entrenando* su cuerpo incluso cuando no necesita prepararse para ningún juego.

Usted vive en un mundo en el que trabaja horas extras para *desviar* su atención *de* vivir un estilo de vida santo. La cultura actual quiere que usted baile, pero *solo* con su estilo de música. Y si no lo hace, es marcado como alguien distinto, que no pertenece, apartado y comprometido con alguien más. Y tienen *toda* la razón.

Vivir en santidad significa hacerlo radicalmente diferente —*apartado*— del mundo a fin de vivir para los propósitos y la gloria de Dios.

Para vivir una vida santa, debe concentrarse, *preparar* su mente y estar *listo* para la acción *piadosa*. La batalla *empieza* en su mente. Sea disciplinado en lo que permite *entrar* y lo que no.

Lo que tenga en mente, ya sea de forma pasiva o proactiva, *guiará* su vida. Determinará si se acerca a la santidad *o se* aleja de ella. Por esta razón, *prepare* su mente para la acción *piadosa*.

Una parte importante de la santidad es practicar el *autocontrol* y mantener una *mente clara*. No pensará ni actuará consistentemente de manera piadosa cuando permita que el alcohol, las drogas u otras sustancias que alteran la mente lo *controlen*. El fruto del Espíritu Santo que obra en su vida se *manifiesta* en el autocontrol (Gálatas 5:22-23).

Cuando usted camine en el Espíritu, vivirá en autocontrol. Cuando usted está fuera de control, el Espíritu Santo no tiene el control.

¿Qué patrón de pensamiento le impide vivir una vida santa? No se *conforme* con sus *pasiones carnales*. Sus sentimientos y los deseos de la carne con frecuencia lo remiten a su *pasado* —lo que era *antes de* conocer a Jesús.

La carne le recordará y hará que añore los placeres *de ayer* —todo lo que lo separa de Cristo. Deje de vivir en el pasado. Enfóquese en Cristo y Su propósito para su vida. Lo que el mundo tiene para ofrecerle es temporal, vacío y trae arrepentimiento.

Dios quiere que usted sea santo y claramente diferente en sus pensamientos, motivos, comportamientos y conversaciones.

Podemos decir muchas cosas sobre vivir una vida santa. Por ahora, enfoquémonos en varias declaraciones para ayudarlo a ver si se está *acercando* a la santidad o alejándose *de ella*.

Marque las áreas que sigue *constantemente*.

__ Cada día dedico tiempo a reunirme con Dios para *orar*.
__ Cada día dedico tiempo a reunirme con Dios para leer *las Escrituras*.
__ Ya no veo películas o programas que me *tientan* a pecar.
__ Conozco mis tres mayores tentaciones y hago cosas para *evitarlas*.
__ Aprendí a *filtrar* mis pensamientos primero a través de la Palabra de Dios.
__ No permito que el alcohol, las drogas u otras sustancias me *controlen*.
__ No bromeo ni me río de los *pecados* de mi pasado.
__ Ayudo a otros a aprender a *superar la* tentación y el pecado.

¿Tiene dificultades con el autocontrol en alguna de las áreas anteriores?

¿Qué puede hacer hoy para acercarse a Dios en santidad?

Día 12

El carácter: Dirigiendo mis pensamientos

Filipenses 4:8: *Por lo demás, hermanos, piensen en todo lo que es verdadero, en todo lo honesto, en todo lo justo, en todo lo puro, en todo lo amable, en todo lo que es digno de alabanza; si hay en ello alguna virtud, si hay algo que admirar, piensen en ello.*

La dirección y el enfoque son dos fuerzas primarias que impulsan el desarrollo de su carácter espiritual. Como diría mi amigo Bud McCord: "Lo que atrae su atención, *lo atrapa*". Hemos repasado algunas áreas pecaminosas de las cuales es necesario desviar nuestro enfoque.

Avancemos ahora hacia donde *debe* dirigir sus pensamientos para desarrollar una mayor *consistencia* espiritual en su *carácter*.

Dirija sus pensamientos a lo que es *"verdadero"*. Toda la Palabra de Dios es verdadera, santa y sin error. Está inspirada por Dios y es excepcionalmente transformadora. Lo que Dios dice sobre su *pecado* es verdad. ¡Acéptelo!

Lo que *Dios* dice sobre su nueva *identidad* en Cristo es verdad. ¡Créalo! Lo que Dios dice sobre su *futuro* en Cristo realmente sucederá. ¡Espérelo! "La verdad es lo que Dios dice sobre un tema"—Dr. Tony Evans.

Dirija sus pensamientos a lo que es *"honesto"*. La idea es pensar con *respeto* y dar *alta consideración* a alguien debido a su posición, práctica o desempeño. Significa que reflexiona y aprecia su *contribución especial* al mundo y a usted personalmente. Cuando honre a Dios primero en su vida, aprenderá a honrar mejor a los demás.

Si lo que alguien dice o practica no es respetable, *no se enfoque* en ello.

Dirija sus pensamientos a lo que es *"justo"*. Pensar con justicia es pensar *correctamente* sobre las personas y las situaciones y lo que puede *hacer* al respecto. Es fácil recibir notificaciones cada hora en su teléfono sobre las constantes injusticias de nuestro mundo. Usted no puede arreglar el mundo, pero puede *enfocarse* en cambiar *una* injusticia a la vez, ayudando a por lo menos *una* persona.

Piense cuidadosa y creativamente sobre cómo podría hacer lo correcto para una persona hoy.

Dirija sus pensamientos a lo que es *"puro"*. Dios nos dio el manual para tener relaciones santas. La *fidelidad* de un esposo a su esposa que lucha contra el cáncer, el *cuidado* de una hija por su anciana madre, el *cambio radical* en el corazón de alguien alejado de Dios, el acto de misericordia de *adoptar* a un huérfano y la *paciencia* de un jefe mientras pasa horas entrenando a su nuevo empleado.

Estas cosas son puras y buenas. *Piense* en ellas y, por supuesto, practíquelas.

Si no dirige intencionalmente sus pensamientos, la cultura, la carne y el diablo estarán felices de guiarlo.

Dirija sus pensamientos a lo que es *"amable"*. ¿Qué le encanta experimentar? ¿Le gusta pasar tiempo en la presencia de Jesús? Tal vez le guste ver el océano irrumpiendo en la orilla, o ver tulipanes expresar su belleza en un jardín o disfrutar del canto de los pájaros en su ventana. *Piense* en estas cosas.

El Espíritu lo lleva a pensar de maneras que agraden a Dios. La cultura dirige su pensamiento para que complazca a la carne.

Dirija sus pensamientos a lo que es *"digno de alabanza"*. ¿Qué buenos informes —cosas *admirables*— ha leído recientemente? Celebre estos informes, hable sobre ellos y piense más en estas cosas.

Dirija sus pensamientos a cualquier cosa *"virtuosa"* que encuentre. Cuando algo se hace con excelencia como un trabajo o un desempeño, esto lo motiva a *mejorar*. Le da una mayor visión de lo que es posible. *Aprenda* de ello; *piense en ello; aplique esos* principios en su vida.

Dirija sus pensamientos a cualquier cosa *"admirable"*. Concentre sus pensamientos en lo que es admirable y *digno* de reconocimiento especial. Debido a que las personas que ama tienen cualidades dignas de halago, elógialas.

Ya que *Dios* es digno de alabanza, alábelo. *Cada* cualidad de carácter que se encuentra en Filipenses 4:8 fue revelada en la vida de Jesús. Aquí es donde debe *enfocar su atención*. Piense *más* en Jesús.

¿Cuáles de estas ocho áreas espirituales, están bien alineadas en su pensamiento con la Palabra de Dios?

¿Cuál de estas ocho áreas requiere mayor atención?

Día 13
Mi Iglesia: Congregarse y animarse

Hebreos 10:24-25: *Tengámonos en cuenta unos a otros, a fin de estimularnos al amor y a las buenas obras. No dejemos de congregarnos, como es la costumbre de algunos, sino animémonos unos a otros; y con más razón ahora que vemos que aquel día se acerca.*

Sucede más de lo que me gustaría admitir. Se siente como una fuerza invisible que le impide reunirse regularmente con la familia de su iglesia. Viene en muchas formas: fiestas de cumpleaños, eventos deportivos, remodelación de la casa, ayudar a amigos, conciertos, viajes y otros.

Ninguna de estas cosas es mala, pero hay algo que es mucho *más* importante y a lo que debe dar prioridad en su calendario semanal.

Reunirse con la familia de su iglesia para adorar a Dios y animarse unos a otros es de máxima prioridad.

Una parte importante de su alineación espiritual con Cristo es su *compromiso semanal* de *reunirse* con Su cuerpo —la iglesia— y *animar a los* creyentes a *amarse* unos a otros y *practicar* buenas obras.

"Estimularnos al amor y a las buenas obras"

Puede ser muy útil ver cómo otras versiones Bíblicas han traducido esta primera sección. Aunque las Escrituras tienen una *sola* interpretación, las diferentes traducciones ofrecen otros ángulos de *aplicación* para que usted los estudie.

Puede observar cómo esto *cambia* su propósito para el domingo por la mañana. Más que asistir a la iglesia, está *participando* en el ministerio de la iglesia al *formar* parte de ella con su *presencia*. Significa que usted viene *preparado* cada domingo, para buscar formas de *animar* a otros para que amen a Dios, para que se amen mutuamente y practiquen buenas obras.

"motivarnos unos a otros a realizar actos de amor y buenas acciones." (NTV)

"estimularnos unos a otros al amor y a las buenas obras." (LBLA)

Usted ya no es un espectador espiritual, esperando que otros hagan por usted lo que usted *no* hará por ellos.

Usted es *proactivo*, busca minuciosamente cómo animar y desafiar a otros para *despertar* una nueva sed espiritual de Dios en sus vidas.

Ya no espera *solo al domingo* para alimentarse espiritualmente; *se* alimenta a diario y viene preparado para alimentar a los *demás*.

Y cuando ve que los miembros de la familia de su iglesia atraviesan una temporada difícil, se pone de su lado y *ora* sinceramente por sus desafíos. Busca formas prácticas de *ayudarlos*. Y si no puede por alguna razón, encuentra a otros en su iglesia que puedan hacerlo.

"No dejemos de congregarnos"

¿Por qué reunirse? Primero, Jesús nos *ordena* que nos reunamos. Él está *con* nosotros cuando nos reunimos (Mateo 18:20). Segundo, la iglesia *no* es usted solo, adorando a Dios. La iglesia es la *reunión* del pueblo de Dios. Juntos *es* mejor. La iglesia no se trata de usted; se trata de *Cristo* y de *nosotros,* unidos *en* Cristo.

Reunirse semanalmente con otros creyentes es una parte esencial de su madurez espiritual en Cristo.

Tercero, la iglesia tiene la *misión colectiva* de *proclamar* el mensaje de salvación. Proclamamos este mensaje de esperanza cuando predicamos la *buena nueva* de Jesucristo, tanto en nuestras reuniones como en pequeños grupos en nuestras comunidades. Proclamamos a Cristo cuando bautizamos a los creyentes y participamos en la comunión. Y al *participar* en cada una de estas áreas con la familia de su iglesia local, usted *es* la *iglesia*.

¿Qué puede hacer para que la reunión semanal de la iglesia tenga una *mayor* prioridad en su vida?

¿Qué necesita cambiar?

¿De qué manera puede animar a más personas los domingos por la mañana para que amen a Dios, se amen unos a otros y fomenten las buenas obras?

Día 14

Mi iglesia: Equipar y servir

Efesios 4:11-16: *Y él mismo constituyó a unos, apóstoles; a otros, profetas; a otros, evangelistas; a otros, pastores y maestros, a fin de perfeccionar a los santos para la obra del ministerio, para la edificación del cuerpo de Cristo, hasta que todos lleguemos a estar unidos por la fe y el conocimiento del Hijo de Dios; hasta que lleguemos a ser un hombre perfecto, a la medida de la estatura de la plenitud de Cristo; para que ya no seamos niños fluctuantes, arrastrados para todos lados por todo viento de doctrina, por los engaños de aquellos que emplean con astucia artimañas engañosas, sino para que profesemos la verdad en amor y crezcamos en todo en Cristo, que es la cabeza, de quien todo el cuerpo, bien concertado y unido entre sí por todas las coyunturas que se ayudan mutuamente, según la actividad propia de cada miembro, recibe su crecimiento para ir edificándose en amor.*

La congregación del pueblo de Dios —la iglesia— es *única*. La iglesia está destinada a servir como *embajada* del reino de Dios en la tierra. Sirve para promover los valores y propósitos de Dios a través de sus agentes especiales. Y en Cristo, *usted* es uno de los agentes especiales de Dios.

Estar equipado, equipar a otros y servir a la iglesia de Dios es una parte fundamental de su alineación y responsabilidad espiritual. Jesús es la cabeza de la iglesia, y usted es *miembro* de Su cuerpo espiritual. Dios puso a los líderes de la iglesia para que entrenaran a Su pueblo para Su obra especial.

Entonces, ¿cuál es su parte en todo esto? Su función es estar *equipado* —o capacitado— para *equipar a otros*. No existe el creyente que haya alcanzado el conocimiento y la aplicación completa de la Biblia.

Todos nosotros estamos siendo *transformados* —progresivamente— en Cristo a través de Su Espíritu. Usted no ha llegado, así que no actúe como si lo hubiera hecho.

A medida que *madure* en su relación con Cristo, servirá intencionalmente *a* la iglesia de Dios. Servir a la iglesia de Dios es una *marca* de su crecimiento espiritual. Equipar y servir funcionan juntos. Usted no está equipado para servir como depósito de conocimiento espiritual. Eso sería una pérdida de tiempo y energía. Está equipado para *perfeccionar* su servicio a Cristo y a Su iglesia.

Además de crecer en su *estudio* y *aplicación* de la Palabra de Dios, ¿cómo puede capacitarse para los propósitos de Dios a través de Su iglesia? Hay por lo menos tres maneras. **Las filas** son la primera.

Esta se refiere a la *reunión* semanal de toda la familia de la iglesia donde usted adora y escucha la predicación de la Palabra de Dios.

Los ***círculos*** son la segunda manera. Aquí usted se reúne con un pequeño grupo de ocho a doce personas para aprender a *practicar* la Palabra de Dios en el trabajo, con su familia y en toda su comunidad.

Los ***triángulos*** son la tercera manera. Aquí se *estudia la Palabra de Dios con un entrenador* espiritual. Se trabaja con material importante de *capacitación* junto con otro creyente, desafiándose a sí mismo a *mayores* niveles de *fe* y *compromiso* con *Cristo*.

Comprométase a estar equipado en Cristo y empiece a capacitar a otros para que crezcan en su fe.

Equipado para entrenar a otros

El propósito de este entrenamiento—equipamiento espiritual—es que usted se parezca más a Cristo. Pero hay más. En el proceso, usted se prepara para equipar a otros. La buena noticia es que no tiene que esperar hasta terminar extensos estudios teológicos para dedicarse a capacitar a otros. Hay muchos recursos disponibles—en nuestra aplicación de la iglesia—para empezar.

Una de las razones por las que tantos creyentes se "atascan" en su fe y se estancan espiritualmente es que solo se alimentan a sí mismos. Lo que les falta solo puede ser experimentado cuando se comprometen a *compartir* intencionalmente su fe y a *hacer* discípulos.

Cuando usted empieza a equipar a otros para que crezcan en su fe, simultáneamente estimula un nuevo crecimiento en su fe.

Equipado para servir a Cristo y a su iglesia

El propósito de todo este equipamiento y capacitación es que usted —y aquellos a quienes sirve— *crezcan* en el amor y *se parezcan* más a Cristo. Muchos trabajos tienen capacitación continua. ¿Cuál es el propósito? Ayudarle a servir mejor a sus clientes. En la iglesia, el propósito de todo lo que aprende es servir *mejor a Cristo y a Su pueblo*.

Pero aquí está la mejor parte. Cuando usted está siendo equipado y entrena a otros, cuando usted y sus hermanos en la fe sirven a la iglesia de Cristo de manera más eficaz, la iglesia —su iglesia— *crece* numéricamente y, lo que es más importante, en amor.

¿A quién puede capacitar para que crezca en la fe?

Día 15
Mi Iglesia: Dar e ir

Hechos 2:42-47: *Las cuales se mantenían fieles a las enseñanzas de los apóstoles y en el mutuo compañerismo, en el partimiento del pan y en las oraciones. Al ver las muchas maravillas y señales que los apóstoles hacían, todos se llenaban de temor, y todos los que habían creído se mantenían unidos y lo compartían todo; vendían sus propiedades y posesiones, y todo lo compartían entre todos, según las necesidades de cada uno. Todos los días se reunían en el templo, y partían el pan en las casas, y comían juntos con alegría y sencillez de corazón, mientras alababan a Dios y brindaban ayuda a todo el pueblo. Y cada día el Señor añadía a la iglesia a los que habían de ser salvos.*

Cuando Dios transforma su corazón, retribuirle *a* Dios—a través de Su iglesia— no es una obligación, sino un *privilegio*. Algunas conversaciones que tengo sobre dar tienen que ver con cuánto se debe *dar*. Lo que está implícito en la pregunta: "¿Cuál es el requisito *mínimo* para agradar a Dios?" Los fariseos pensaban de esta manera. En Mateo 23:23, Jesús validó la importancia del diezmo— honrar a Dios con el *primer* diez por ciento de sus ingresos— al tiempo que exponía sus motivos *egoístas y* minimalistas.

Así *no es* cómo piensa un administrador piadoso. Recuerde, Dios es dueño de todo; a usted nada le pertenece. Todo lo que tiene es *propiedad de Dios*. Imagínese si solo le diera a mi esposa, Yami, una cantidad mínima de lo que tengo disponible cada semana. ¿Qué diría eso de mi amor por ella?

Dar *regularmente y su amor* por Dios están *conectados*. La fidelidad en su ofrenda es fundamental para su *alineación* y *crecimiento espiritual*. Porque donde *esté* su *tesoro*, allí *también* estará su *corazón (Mateo 6:21)*.

La fidelidad y la generosidad en su dar muestran la realidad de dónde está su corazón hoy.

Alguna vez ha orado, "Señor, ¿cuánto de lo que me provees cada semana quieres que conserve?" ¡Ay! Eso duele. Yo mismo me siento condenado mientras escribo esto. Sigue siendo una gran pregunta.

¿Cuánto conservaban las personas en el Nuevo Testamento? María, la hermana de Marta, ungió a Jesús con un perfume muy costoso—como el salario de un año (Marcos 14:3-9). *María lo dio todo.*

Los discípulos vendieron sus posesiones y pertenencias y distribuyeron las ganancias a los creyentes necesitados (Hechos 2:45). *Los discípulos lo dieron todo.*

La viuda dio todo lo que tenía como ofrenda a Dios (Lucas 21:14). Los macedonios primero se entregaron a Dios. Luego, dieron de su severa pobreza para financiar Su obra continua (2 Corintios 8:1-9:15).

Los creyentes de Filipos dieron abundantemente para sostener el ministerio de Pablo (Filipenses 4:18).

El Nuevo Testamento tiene un enfoque abrumador sobre el crecimiento de la gracia de dar (2 Corintios 8:7-15). Va más allá del diezmo. Va más allá de los números. La gracia de dar está llena de fe y enfocada en la misión. La gracia de dar no es la excepción para el súper creyente; es la norma para todo creyente, incluyéndolo a usted.

Ir

Como puede ver, dar realmente sienta las bases para su crecimiento en Cristo. Primero, entrega su vida completamente a Dios y a Su obra. Segundo, honra a Dios, primero con su dinero —fiel y generosamente. Y ahora que su corazón está alineado con el corazón de Dios, ir a donde Dios le diga que vaya no será un problema.

> *Pero cuando venga sobre ustedes el Espíritu Santo recibirán poder, y serán mis testigos en Jerusalén, en Judea, en Samaria, y hasta lo último de la tierra."* (Hechos 1:8)

Ir a donde Dios lo guíe es mucho más fácil cuando Dios tiene su corazón, su voluntad y su billetera. Dios le está enseñando a depender de Él. Él es su Proveedor. Si Él le pide que vaya y hable con su prójimo acerca de Cristo o que se vaya a un viaje misionero de dos semanas, es lo mismo. Sabe que Dios lo guiará y le proveerá lo necesario.

Lea Hechos 10 cuando pueda. Habla de un cambio en el corazón y en el ministerio de Pedro. Pedro estaba dispuesto a llegarle a los judíos, pero alcanzar a los gentiles no estaba en su calendario. Pero Dios tenía *otros* planes *y Pedro los siguió.* Dios quiere que usted *vaya* y lo *siga a* donde Él lo guíe mientras confía en Él con su corazón, voluntad y billetera.

Dar e ir son dos elementos esenciales de la alineación espiritual. ¿Cuál de estos dos carece de fe y acción en su vida hoy?

Semana 5

Mi propósito

Día 16

Vivir para la Gloria de Dios

Juan 17:4-5: *Yo te he glorificado en la tierra; he acabado la obra que me diste que hiciera. Ahora pues, Padre, glorifícame tú al lado tuyo, con aquella gloria que tuve contigo antes de que el mundo existiera.*

Jesús tenía muy claro su propósito y enfoque mientras estuvo con nosotros en la tierra. Jesús vivía para la *gloria* del Padre con cada aliento, motivo, palabra y acción.

Jesús —la Palabra viva de Dios y nuestro Salvador— agradó al Padre mientras ministraba, sanaba y predicaba a quienes lo rodeaban. Jesús vino a buscar y a salvar a los perdidos. Mientras *reconciliaba* a las personas con el Padre, Jesús lo *glorificaba*.

Jesús no se descarriló espiritualmente. Él fue tentado como usted, pero no fue engañado para que pecara. Jesús *rechazó* la invitación a alinearse con los líderes religiosos de la época. Se *negó* a satisfacer los deseos de la carne. Jesús no llevó a cabo el plan del Padre con motivos ocultos. Él se mantuvo muy *concentrado*. Jesús fue excepcionalmente *deliberado* en todo lo que hizo. Jesús empezó bien *y* terminó bien.

Jesús glorificó al Padre —y cumplió Su propósito divino en la tierra— al terminar la obra de redención.

¿Qué significa para usted *vivir* para la gloria de Dios? Entre otras cosas, quiere decir que el propósito de su vida se *alinea* con los propósitos de Dios para su vida. Cuando Dios creó a Adán, lo instruyó para que *dirigiera* la creación de Dios. Adán tenía un propósito específico y usted también. Adán debía *trabajar* y *maximizar* lo que Dios proveyó para Sus propósitos y Su gloria.

Terminar bien

Quizás no haya empezado bien en el cumplimiento del propósito de su vida, pero si está respirando, puede terminar bien. Considere lo siguiente: ¿Cómo es vivir los propósitos de Dios para su vida?

¿Qué le impide vivir para los propósitos de Dios en el trabajo?

¿Qué significa para usted vivir para los propósitos de Dios en la casa? ¿Qué puede hacer hoy para alinearse con los propósitos de Dios y terminar bien?

¿Lo tiene claro?

Jesús tenía *clara* su misión y el propósito de Su vida. Su *responsabilidad* era global *y* local. Jesús sabía que su tiempo en la tierra era *limitado*. La gente necesitaba ser reconciliada con el Padre. Y esto *solo* sería posible a través de Su muerte, sepultura y resurrección.

¿Tiene claro en qué quiere Dios que enfoque su vida para darle gloria a Él y terminar bien?

El Padre le dio a Jesús Su asignación. Dios no va a convocar una reunión especial con usted para darle su tarea. La Palabra de Dios es el manual para su misión y propósito en la vida. El Espíritu Santo es su maestro y guía. Repasemos solo algunas cosas que hemos aprendido para ayudarlo a conectar los puntos.

Dios lo llama a arrepentirse de sus pecados y seguir a Jesús. Dios promete cambiarlo para alcanzar a otras personas para Cristo. Usted le pertenece a Dios; Jesús lo compró con Su sangre.

Su iglesia es el lugar en el que se reúne con los creyentes, allí son estimulados a amarse mutuamente, a practicar buenas obras, a dar fiel y generosamente, e ir a alcanzar a su comunidad y a las naciones.

Aquí hay tres pensamientos importantes.

Usted es responsable de maximizar los recursos de Dios.

Tiene que estar contento con lo que Dios le ha provisto.

Usted es responsable de cómo administra y maximiza los recursos de Dios.

"¿Dónde está?"

Cuando Adán eligió permanecer pasivo y comer del fruto prohibido, Dios lo llamó a él *primero*. ¿Por qué? Adán era *en última instancia responsable*, independientemente de quién comió el fruto *primero*. Era su responsabilidad aceptar y rendir cuentas de su *falta de acción* (Génesis 3:17-19). Si usted continúa viviendo como lo hace hoy durante los próximos diez años, ¿su vida estará *más o menos* alineada con los propósitos de Dios?

¿En qué está trabajando intencionalmente para que su vida esté más alineada con los propósitos de Dios?

Día 17

Practicar el Gran Mandamiento

Marcos 12:28-34: *Uno de los escribas, que había estado presente en la discusión y que vio lo bien que Jesús les había respondido, le preguntó: «De todos los mandamientos, ¿cuál es el más importante?» Jesús le respondió: «El más importante es: "Oye, Israel: el Señor, nuestro Dios, el Señor es uno." Y "amarás al Señor tu Dios con todo tu corazón, y con toda tu alma, y con toda tu mente y con todas tus fuerzas." El segundo en importancia es: "Amarás a tu prójimo como a ti mismo." No hay otro mandamiento más importante que éstos.» El escriba le dijo: «Bien, Maestro; hablas con la verdad cuando dices que Dios es uno, y que no hay otro Dios fuera de él, y que amarlo con todo el corazón, con todo el entendimiento y con todas las fuerzas, y amar al prójimo como a uno mismo, es más importante que todos los holocaustos y sacrificios.» Al verlo Jesús responder de manera tan sabia, le dijo: «No estás lejos del reino de Dios.» Y nadie se atrevía ya a preguntarle nada.*

Tener la perspectiva *correcta* de sus dos prioridades más importantes —amar a Dios y amar a los demás— es fundamental para cumplir los propósitos de Dios para su vida. Dios es uno, pero Él existe como tres personas distintas en perfecta armonía espiritual. Los tres son *uno*. Las referencias a *"nosotros"* al principio de Génesis apuntan a la unidad *perfecta* del Padre, el Hijo y el Espíritu Santo (Génesis 1:26; 3:22; 11:6-7).

Usted practica el Gran Mandamiento cuando el motivo principal de su vida es agradar a Dios.

La perspectiva vertical

La perspectiva es importante. Un entendimiento correcto de quién es Dios lo ayudará a comprender *mejor* su responsabilidad de amar a Dios y servirlo. Dios no quiere una *parte* de usted; Él lo quiere *todo*. Dios quiere que *todos* lo amen. ¿Cómo? Con *todo* su **corazón.**

Cuando esté totalmente comprometido a amar a Dios, *obedecerá* y *adorará* a Dios —en espíritu y en verdad— desde lo más *profundo* de su ser. ¿De qué sirve adorar a Dios si realmente *no lo* ama ni obedece Su Palabra? Su *obediencia* a Dios es *más importante* que su *sacrificio* por Dios.

Usted demuestra que ama a Dios cuando obedece Su Palabra.

"Si me aman, obedezcan mis mandamientos." (Juan 14:15)

Dios quiere que usted lo ame con toda su **mente.** El Señor le ha dado la capacidad mental para evaluar, pensar, razonar, discernir y más. Amar a Dios no es impredecible ni dramático.

Es totalmente intencional. Se caracteriza por una obediencia *constante* a la Palabra de Dios. Es a la *vez* planificado y espontáneo, invita a la reflexión y es intelectualmente estimulante.

Cuando Dios reina de manera suprema en cada área de su vida, obedecer Su Palabra será la máxima prioridad en cada decisión.

Amar a Dios de una manera que le agrade involucra el **alma** —sus *emociones*. Exprese su amor por Dios a través de sus emociones. Ame a Dios con *todas* sus emociones. No tenga miedo de ser usted mismo en este proceso. Usted no puede borrar sus emociones. Dios las puso allí por un motivo. Exprese *honestamente* su alegría, su risa y su dolor. Dios puede lidiar con ello. Y, además, nadie lo conoce como Él.

Dios quiere que lo ame con todas sus **fuerzas.** ¿Le da a Dios la mejor parte o la última parte de su día? Dios quiere la *mejor* parte de su día, no sus sobras. Cualquiera que sea la parte más intensa de su día, *invite* a la presencia de Dios a entrar.

El alineamiento espiritual implica *servir a* Dios con fidelidad *y* energía. Cuando aprenda a amar a Dios *plenamente,* lo obedecerá con *sacrificio*. El servicio y el sacrificio son *ambos* consecuencia del amor genuino a Dios.

La perspectiva horizontal

¿Por qué dedicar tanto tiempo a la primera parte de este mandamiento?

Si se pierde el primero, definitivamente se perderá el segundo. Su relación vertical se desborda en sus relaciones horizontales. Si ama más a Dios, amará mejor a las personas.

¿Y cómo puede amar mejor a la gente? Es sencillo y sin embargo difícil. Ame a los demás como Cristo lo ha amado y *más* de lo que se ama a sí mismo.

¿Qué puede hacer hoy para amar a alguien como Cristo lo ha amado y cómo se ama a si mismo?

Día 18

Obedecer la Gran Comisión

Mateo 28:18-20: *Jesús se acercó y les dijo: «Toda autoridad me ha sido dada en el cielo y en la tierra. Por tanto, vayan y hagan discípulos en todas las naciones, y bautícenlos en el nombre del Padre, y del Hijo, y del Espíritu Santo. Enséñenles a cumplir todas las cosas que les he mandado. Y yo estaré con ustedes todos los días, hasta el fin del mundo.» Amén.*

Jesús estaba a punto de regresar a Su trono en el cielo. El Señor estaba entregando Sus instrucciones *finales a los discípulos.* Sus palabras quedarían *profundamente* grabadas en sus mentes y corazones.

Jesús les recordó Su suprema autoridad sobre *todas* las cosas. Y con esa autoridad, les ordenó *ir a todas las naciones, hacer discípulos, bautizarlos* y *enseñarles* a *cumplir* todos Sus mandamientos—a obedecerlos.

Usted está llamado a crecer en el Gran Mandamiento al obedecer la Gran Comisión.

"Por tanto, vayan y hagan discípulos"

Dios espera que usted se *mueva* y *actúe.* Obedecer la Gran Comisión está orientado a la *acción.* Hay personas en su trabajo, en la escuela, en su vecindario y dentro de su familia que no siguen a Jesús. Estas son las personas con las que debe comprometerse de *manera proactiva* con el mensaje de esperanza— la salvación solo por *gracia* a través de *la fe* en *Jesucristo.*

¿A quién le importa si su empresa tiene ganancias récord, pero los que trabajan con usted mueren y pasan una eternidad *sin* Dios?

¿A quién le importa si usted tiene el cuerpo más fuerte del gimnasio, pero las personas que ve todas las tardes viven *sin* esperanza?

¿A quién le importa si usted logra las mejores calificaciones en su clase, pero sus compañeros no saben cómo recibir el perdón de *pecados?*

¿A quién le importa si usted tiene la casa o el auto más bonito entre sus vecinos, pero ellos no saben que están en *bancarrota espiritual?*

La Gran Comisión es *su* responsabilidad espiritual. Jesús espera que usted *actúe* en lo que Él claramente instruye y espera que haga. Usted no *puede* estar alineado con Cristo si no obedece la Gran Comisión.

Haga de la Gran Comisión la misión de su vida.

Su vida no debe estar enfocada en las cosas materiales, los placeres carnales, el poder o la comodidad personal. Jesús lo llama a "ir" y actuar deliberadamente por causa del Evangelio: *"Tal como tú me enviaste al mundo, así yo los he enviado al mundo." (Juan 17:18)*

Este mandamiento está en el corazón de su alineación espiritual. Teniendo esto en cuenta, empiece a moverse.

"Hagan discípulos en todas las naciones"

Sabemos que Dios es quien nos transforma de las tinieblas a la luz y continúa transformándonos a través de Su Espíritu. Pero como administrador de Dios, usted es responsable de plantar el mensaje de salvación de Dios dondequiera que Dios lo guíe. Esto implica compartir el mensaje de Jesús y ayudar a las personas a entender el plan redentor de Dios a través de Cristo.

El mandato de hacer discípulos puede iniciar con las personas que conoce y que viven en su ciudad, pero va mucho más allá —a las naciones. Usted es responsable de participar en el plan global de Dios para llegar a las naciones.

Hacer discípulos significa llevar a la gente a seguir a Jesús, lo que conduce a la confesión pública de su salvación a través del bautismo. En el Nuevo Testamento, los que creían eran bautizados de inmediato.

El bautismo es la declaración pública de que usted cree en la vida, muerte, sepultura y resurrección de Jesús. ¿Está esperando ser bautizado? ¿Por qué esperar?

"Enséñenles a cumplir todas las cosas que les he mandado."

Usted no puede ser un seguidor de Jesús si no obedece sus mandamientos. Primero, siga a Jesús y modele lo que es obedecer Su Palabra. Sea un ejemplo de una vida de Gran Comisión para que otros la sigan. Al dedicar tiempo a enseñar a otros sobre Jesús, usted prosperará espiritualmente y aprenderá aún más sobre su Salvador.

Y cuando las dificultades de la vida llamen a su puerta o cuando las personas que conoce y con las que trabaja se enfríen con respecto a las cosas de Dios, no se desanime.

Recuerde la promesa que Jesús hizo a sus discípulos: *"Y he aquí que yo estoy con ustedes todos los días, hasta el fin del mundo".*

¿Qué parte de la Gran Comisión no está obedeciendo?

Día 19
Hable a otros sobre las buenas nuevas de Jesús

1 Corintios 9:16-23: *Pues si anuncio el evangelio, no tengo por qué jactarme, porque ésa es mi misión insoslayable. ¡Ay de mí si no predico el evangelio! Así que, si lo hago de buena voluntad, recibiré mi recompensa; pero si lo hago de mala voluntad, no hago más que cumplir con la misión que me ha sido encomendada. ¿Cuál es, pues, mi recompensa? La de predicar el evangelio de Cristo de manera gratuita, para no abusar de mi derecho en el evangelio. Porque, aunque soy libre y no dependo de nadie, me he hecho esclavo de todos para ganar al mayor número posible. Entre los judíos me comporto como judío, para ganar a los judíos; y, aunque no estoy sujeto a la ley, entre los que están sujetos a la ley me comporto como si estuviera sujeto a la ley, para ganar a los que están sujetos a la ley. Entre los que no tienen ley, me comporto como si no tuviera ley, para ganar a los que no tienen ley (aun cuando no estoy libre de la ley de Dios, sino bajo la ley de Cristo). Entre los débiles me comporto como débil, para ganar a los débiles; me comporto como todos ante todos, para que de todos pueda yo salvar a algunos. Y esto lo hago por causa del evangelio, para ser copartícipe de él.*

Como creyente *en* Jesús, usted es testigo *de* Jesús. Pablo sintió el peso de esta responsabilidad espiritual todos los días. Trabajó sin descanso para hablar a otros de las buenas nuevas de Jesucristo. Esta no era una actividad ocasional; era una *necesidad* diaria. Pablo se *sentía obligado* desde lo más profundo de su alma a *hablarles a* otros de Cristo.

Como testigo de Cristo, usted tiene una historia de *redención* para *compartir*. Es la única historia del poder de Dios para la salvación de todos los pueblos (Romanos 1:16-17). Es la historia del Evangelio de Jesucristo. Esta no es una historia ordinaria. Usted necesita compartir esta historia tanto a *nivel local* como *global*.

Usted es responsable de llegar a su familia, amigos y comunidad, pero también es responsable de llegar a las naciones. Tiene la responsabilidad, tanto en línea *como* fuera de línea, de hablar a otros de Jesús (Hechos 10:42).

Usted no está solo en esta tarea. El Espíritu Santo lo acompaña. Él lo *capacita* para ir y *hablarles a* otros—del Evangelio—la buena nueva de que Dios *salva* a los pecadores a través de la muerte, sepultura y resurrección de Jesucristo (Hechos 1:8).

Compartir las buenas nuevas de Jesucristo con los demás es una parte vital de su alineación y madurez espiritual.

Para Pablo, hablarles a otros de Cristo era algo personal. Él asumió su responsabilidad espiritual. ¿Y usted? Pablo creía en el poder del evangelio para transformar individuos, familias, ciudades y naciones. ¿Cree usted en el poder sobrenatural del evangelio para cambiar vidas hoy? Para Pablo, hablarles a otros de Cristo no era su trabajo; era su vocación diaria. Y esta es también su vocación.

Pablo admitió que era un mayordomo. La palabra griega *oikonomia* significa administrador. Habla de alguien que administra y maximiza la propiedad de otro. El evangelio es el mensaje de Dios, pero la responsabilidad de ajustar y maximizar su agenda diaria para hablar a otros acerca de Cristo es solo suya.

"Me comporto como todos ante todos, para que de todos pueda yo salvar a algunos."

Pablo no solo era un erudito intelectual, sino un genio creativo. Contextualizó el mensaje de Cristo para que todos pudieran *entenderlo*. Sin pecar, Pablo cambió sus preferencias por las de otros. ¿Y con qué propósito? Llegar al mayor número posible de personas para Cristo.

No se avergüence del evangelio de Jesús

Hay un versículo que Dios me recuerda con frecuencia cuando reflexiono sobre mi alineación espiritual y mi responsabilidad en esta área. Es *profundamente* convincente. Lo animo a *memorizarlo*, a *reflexionar* sobre él a menudo, *orar* por aquellos que lo necesitan y *ajustar* su agenda para *compartirlo* con alguien hoy.

> *No me avergüenzo del evangelio, porque es poder de Dios para la salvación de todo aquel que cree: en primer lugar, para los judíos, y también para los que no lo son. Porque en el evangelio se revela la justicia de Dios, que de principio a fin es por medio de la fe, tal como está escrito: «El justo por la fe vivirá.» (Romanos 1:16-17)*

Considere las siguientes dos preguntas. ¿Cómo puede contarles a otros (amigos, compañeros de estudio, compañeros de trabajo, vecinos y familiares) *lo que Jesús hizo por ellos* de una *manera* que tenga *sentido hoy*?

¿Cómo puedo hacer para que el mensaje de Jesús sea *claro y fácil* de entender para los demás?

Día 20

Claridad espiritual

1 Corintios 9:24-27: *¿Acaso no saben ustedes que, aunque todos corren en el estadio, solamente uno se lleva el premio? Corran, pues, de tal manera que lo obtengan. Todos los que luchan, se abstienen de todo. Ellos lo hacen para recibir una corona corruptible; pero nosotros, para recibir una corona incorruptible. Así que yo corro y lucho, pero no sin una meta definida; no lo hago como si estuviera golpeando el viento; más bien, golpeo mi cuerpo y lo someto a servidumbre, no sea que después de haber predicado a otros yo mismo quede eliminado.*

El ministerio del apóstol Pablo era *profundo* y *amplio*. Estaba muy *enfocado* en el Gran Mandamiento y la Gran Comisión. Pablo era una fuerza imparable para *el avance* del Reino de Dios. Lo que siempre se ve en la vida de Pablo después de que comenzó a seguir a Jesús, se puede resumir en dos palabras: *claridad espiritual*.

"Corran, pues, de tal manera que lo obtengan"

La claridad espiritual quiere decir que usted *entiende* claramente su propósito de vida mientras *persigue* los propósitos y la gloria eterna de Dios. Usted no vive el día de hoy, luchando para obtener todo lo que pueda para su disfrute. Por el contrario, vive para los propósitos eternos de Dios. Y con este *entendimiento,* enfoca, entrena y disciplina *cada* área de su vida para *alinearla* con ese propósito. Permítame resumir algunas cosas que vemos en la vida de Pablo.

Pablo se enfocó intencionalmente en las necesidades *espirituales* de otros mientras usaba el intelecto y el conocimiento cultural dado por Dios para *llegar* a ellos.

Pablo estaba dispuesto a hacer *cualquier* ajuste personal que fuera necesario —preferencias, viajes, calendario, carrera, finanzas, comodidad y más— para *hablarles a* otros de Jesús y *hacer* discípulos.

Pablo estaba dispuesto a *superar* obstáculos económicos, sociales, raciales, religiosos y políticos para *presentar* las *buenas nuevas* con *claridad*.

Pablo estaba *más* interesado en que Cristo fuera magnificado a través de su vida que en cumplir sus antiguas ambiciones personales.

Pablo vivía por *fe* y no por miedo. Mostró una *audacia piadosa* por Cristo que no tenía precedentes, era radical y poderosa. La claridad espiritual de Pablo impactó a muchas personas alrededor del mundo para Cristo —incluido usted.

¿Y usted?

¿Se enfoca en las necesidades espirituales de otros mientras usa su intelecto y conocimiento cultural dado por Dios para llegar a ellos?

¿Está dispuesto a hacer cualquier ajuste personal que sea necesario—preferencias, viajes, calendario, carrera, finanzas, comodidad y más—para hablarles a otros de Jesús y hacer discípulos?

¿Está dispuesto a superar obstáculos económicos, sociales, raciales, religiosos y políticos para presentar la Buena Nueva con claridad?

¿Está más interesado en que Cristo sea magnificado a través de su vida que en cumplir sus ambiciones personales?

¿Vive por fe y no por miedo? ¿Muestra una audacia piadosa por Cristo que es inédita, radical y poderosa?

Su claridad espiritual puede impactar a muchas personas para Cristo tanto local como globalmente.

"Así que yo corro y lucho, pero no sin una meta definida"

Pablo era brillante en el uso de ilustraciones modernas. Él comparaba su vida como creyente con la de un atleta disciplinado que participa en una carrera. En la comunidad cristiana, todo creyente sigue a Cristo, pero no todos lo hacen con claridad espiritual.

Algunos atletas se distraen con otros corredores. Otros se distraen con los espectadores u otros factores. Algunos corredores miran hacia atrás, tropiezan y caen. Otros no practican el autocontrol durante su carrera y se descalifican. No permita que estas cosas le sucedan.

"Más bien, golpeo mi cuerpo y lo someto a servidumbre"

Hablaremos más de esto en nuestra sección sobre "Mi Salud". Por ahora, resaltemos la importancia de ser disciplinado con un *propósito*. Usted puede ser excepcionalmente disciplinado con su cuerpo y hacer cosas incorrectas con él. La santidad es lo que Dios busca.

La santidad es la puerta de entrada a la claridad espiritual. El pecado hace que todo —incluido su enfoque— sea borroso mientras distorsiona su alineación espiritual y el propósito de su vida. Usted puede controlar sus deseos carnales, vivir una vida santa, y practicar el dominio propio en todas las cosas.

¿Qué claridad espiritual está ganando mientras busca entender más los propósitos de Dios para su vida?

Semana 6

Mi Propósito... continuación

Día 21

Avanzando hacia la meta

Filipenses 3:12-15: *No es que ya lo haya alcanzado, ni que ya sea perfecto, sino que sigo adelante, por ver si logro alcanzar aquello para lo cual fui también alcanzado por Cristo Jesús. Hermanos, yo mismo no pretendo haberlo alcanzado ya; pero una cosa sí hago: me olvido ciertamente de lo que ha quedado atrás, y me extiendo hacia lo que está adelante; ¡prosigo a la meta, al premio del supremo llamamiento de Dios en Cristo Jesús! Así que, todos los que somos perfectos, sintamos esto mismo; y si ustedes sienten otra cosa, también esto se lo revelará Dios.*

La vida de Pablo fue *totalmente* cambiada por el amor y la gracia de Dios a través de la fe en Cristo. Pablo no tenía ninguna duda de que su vida le pertenecía a Jesucristo. Estaba decidido a *conocer a* Cristo y darlo a conocer *a* los demás. Pero, ¿*cómo* avanzó Pablo en los propósitos de Dios para su vida? Mirémoslo más de cerca.

"Sino que sigo adelante"

Pablo se *propuso* parecerse *más* a Cristo cada día. Como un corredor disciplinado, Pablo bajó la cabeza y siguió avanzando. Aunque era consciente de la obra que Dios estaba haciendo en él, Pablo miraba hacia el futuro, *al día* en el que la obra de Dios en su vida *se completaría*.

**A veces lo único que puede hacer en su fe
es *perseverar* en la creencia de lo que es *verdad*
y actuar según lo que Dios lo guíe a *hacer a* continuación.**

"Pero una cosa sí hago"

Piense en su vida por un instante. ¿Qué es aquello *único* que usted hace y que Dios usa—o puede usar—para dar a conocer a Jesús a otros? ¿Cómo sería *enfocar* su vida en una cosa—que hace muy bien—cuando existen muchas oportunidades para *crecer* y *compartir* su fe?

Esto es mucho más que un logro personal; es un cambio total de enfoque. Es lo que Dios ha diseñado de manera única para que usted *actúe* y dé a conocer a Cristo a quienes lo rodean.

"Me olvido ciertamente de lo que ha quedado atrás"

Usted no *puede* hacer nada para cambiar su pasado. Entonces—si esa es su realidad— y la de todos en el planeta tierra, ¿por qué mira con tanta frecuencia al pasado por el espejo retrovisor? Pablo lo sabía muy *bien*. Él destruyó la vida de creyentes. Imagine la culpa que debió haber experimentado.

Una de las claves de la eficacia de Pablo fue su *determinación* para *no* vivir en el pasado. Usted no puede *borrar* su pasado, pero tampoco tiene que *anclar* su mente en él. Pablo quería olvidar su pasado y no vivir en él.

Sí, usted puede *aprender* de su pasado, y debería hacerlo. Pero el enfoque principal de su vida debe ser *permanecer* en Cristo y conocerlo *más*. En segundo lugar, dar a *conocer a Cristo* y ayudar a otros a *seguirlo*.

Usted no vivirá para Cristo de manera efectiva—con claridad espiritual— si se queda constantemente atascado en su pasado.

¿Qué hizo Pablo para *seguir adelante*? ¡Me alegra que lo haya *preguntado*!

"¡Prosigo a la meta, al premio del supremo llamamiento de Dios en Cristo Jesús!"

Pablo continuó corriendo su carrera *concentrado* en la *meta que tenía* por delante y esforzándose al *máximo* para llegar a ella. En lugar de fijar su mente en los pecados pasados, Pablo decidió fijar su mirada en *Jesús* y en la *recompensa* por concluir bien su carrera.

Así es *exactamente* cómo debe pensar un administrador *espiritualmente* maduro de Dios. ¡Siga adelante!

Mientras avanza, corra ligero y mantenga sus ojos puestos en Jesús.

Por lo tanto, también nosotros, que tenemos tan grande nube de testigos a nuestro alrededor, liberémonos de todo peso y del pecado que nos asedia, y corramos con paciencia la carrera que tenemos por delante. Fijemos la mirada en Jesús, el autor y consumador de la fe, quien por el gozo que le esperaba sufrió la cruz y menospreció el oprobio, y se sentó a la derecha del trono de Dios.
(Hebreos 12:1-2)

¿Qué pesos o pecados mantienen su enfoque en el pasado? ¿Qué puede hacer hoy para avanzar en su fe?

Día 22

Sal y Luz

Mateo 5:13-16: *Ustedes son la sal de la tierra, pero si la sal pierde su sabor, ¿cómo volverá a ser salada? Ya no servirá para nada, sino para ser arrojada a la calle y pisoteada por la gente. Ustedes son la luz del mundo. Una ciudad asentada sobre un monte no se puede esconder. Tampoco se enciende una lámpara y se pone debajo de un cajón, sino sobre el candelero, para que alumbre a todos los que están en casa. De la misma manera, que la luz de ustedes alumbre delante de todos, para que todos vean sus buenas obras y glorifiquen a su Padre, que está en los cielos.*

Jesús, al pronunciar Su famoso Sermón del Monte, usó la rica ilustración de la sal y la luz para describir la *forma* en que Él espera que usted viva como Su seguidor. La sal está relativamente *oculta*, mientras que la luz está *visible* para que todos la vean. ¿Por qué usar sal y luz para señalar su alineación y responsabilidad espiritual? Veámoslo más de cerca.

"Ustedes son la sal de la tierra"

Dios escogió a personas *ordinarias* —a las que el mundo llamaría insignificantes— para lograr sus propósitos eternos. La sal puede ser muy engañosa a primera vista. La sal es relativamente pequeña y no pesa casi nada. Pero cuando la sal invita a algunos de los innumerables miembros de su familia, puede lograr *grandes* cosas.

La sal se puede utilizar para *limpiar* las heridas más sucias. Puede *conservar* las carnes y otros alimentos durante largos períodos de tiempo. La sal añade un gran *sabor* a nuestras comidas favoritas y al consumirla, puede *elevar* la presión arterial baja.

En su forma más pura, la sal es *poderosa*. Cuando la sal está contaminada, el sabor *cambia* y su impacto como conservante *disminuye considerablemente*. Lo *mismo* ocurre con usted.

Cuando su vida está contaminada por el *pecado*, las personas a su alrededor lo notan. Usted hablará y se comportará de manera *diferente*. Su influencia comenzará a *colapsar* y su testimonio de Cristo *sufrirá*. Pero hay buenas noticias. Usted puede arrepentirse de sus pecados y volver a seguir a Jesús.

Su pecado *no* tiene que definir su vida de forma permanente o disminuir su influencia.

"Ustedes son la luz del mundo"

La luz está destinada a *exponer* y *eliminar* la oscuridad. La luz no hace ruido; simplemente brilla. La luz es silenciosa, pero indudablemente poderosa. Solo se necesita una pequeña cantidad de luz para *interrumpir totalmente* la oscuridad que experimentan quienes lo rodean.

La luz siempre *revela* lo que la oscuridad intenta *ocultar.*

Y aquí está la parte interesante. En *Cristo*, y *colectivamente* con Su *iglesia*, usted es, ahora mismo, la *luz* del mundo. Cuando su vida está *alineada* con Cristo individualmente —y *unida a* Su iglesia colectivamente— la luz que brilla es poderosa. En unión con la iglesia de Cristo, Dios lo escogió para:

Interrumpir la oscuridad
Llevar esperanza a los desesperados
Restaurar relaciones rotas
Ayudar a las personas a superar los hábitos pecaminosos
Hablar de Su *misericordia*, gracia y salvación a través de Jesucristo.

El carácter cristiano de su vida es llevar a las personas a la Luz que es Jesucristo.

¡Sí, ciertamente usted es la luz! Entonces, *empiece* a vivir como la luz.

"Que la luz de ustedes alumbre delante de todos"

Cualquiera puede alimentar a personas sin hogar, ayudar a sus vecinos, dar dinero a una organización benéfica o servir como mentor. Estas son obras de *servicio*, *p*ero no necesariamente *"buenas obras"* para el reino de Dios. Pero cuando usted hace estas cosas y *dirige a las* personas a *Jesús* en el proceso, mueve estas obras de servicio a una categoría totalmente nueva: *buenas obras*. Su propósito como creyente es *glorificar a* Dios a través de sus *buenas obras.*

Nosotros somos hechura suya; hemos sido creados en Cristo Jesús para realizar buenas obras, las cuales Dios preparó de antemano para que vivamos de acuerdo con ellas. (Efesios 2:10)

¿Cómo puede hacer para que la luz de Dios brille más, en las áreas oscuras donde Él lo ha puesto, que es donde vive, trabaja o estudia?

Día 23

¡Trabájelo y manténgalo!

Génesis 1:26-28; 2:15: *Entonces dijo Dios: «¡Hagamos al hombre a nuestra imagen y semejanza! ¡Que domine en toda la tierra sobre los peces del mar, sobre las aves de los cielos y las bestias, y sobre todo animal que repta sobre la tierra!» Y Dios creó al hombre a su imagen. Lo creó a imagen de Dios. Hombre y mujer los creó. Y los bendijo Dios con estas palabras: «¡Reprodúzcanse, multiplíquense, y llenen la tierra! ¡Domínenla! ¡Sean los señores de los peces del mar, de las aves de los cielos, y de todos los seres que reptan sobre la tierra!» ... Dios el Señor tomó al hombre y lo puso en el huerto de Edén, para que lo cultivara y lo cuidara.*

Cuando lee o escucha la palabra *trabajo*, ¿qué es lo primero que le viene a la mente? Para muchas personas, la mayoría de las veces, el primer pensamiento es *negativo*. Los pensamientos sobre largas jornadas laborales, salarios bajos, compañeros de trabajo difíciles, micro gerentes o expectativas poco razonables pueden aflorar más rápido que otros pensamientos.

"¡Que domine en toda la tierra"

El trabajo fue diseñado en parte para *facilitar* la forma en que usted administra y maximiza la creación de Dios. A veces la gente dice: "El trabajo es malo". Pero eso sería como decir: "La comida es mala". ¿Ridículo verdad? Hay un propósito *divino* para el trabajo que hace. Entender este propósito es una parte *fundamental* de estar *alineado* con los propósitos de Dios como seguidor de Jesús.

Parte del propósito de su vida consiste en maximizar su trabajo para la gloria y los propósitos eternos de Dios.

Todo lo que usted usa en su trabajo *proviene* de Dios. *Todo* comenzó con Dios. Diseñamos automóviles, construimos cohetes y *desarrollamos* la tierra a partir de los recursos que *Dios* nos *ha proporcionado*. Y con estos grandes recursos viene una gran responsabilidad. Todo lo que usted ha recibido de Dios debe ser usado *para* Dios y para Sus propósitos redentores. *¡Trabájelo y manténgalo!*

La calidad y el rendimiento en su trabajo es una medida de su carácter y alineación espiritual.

"Y Dios creó al hombre a su imagen"

Como hijo de Dios, usted tiene una *inmensa* capacidad para aprovechar los recursos de Dios. Dios le dio una mente para *pensar*, creatividad para *explorar*, manos y pies para *moverse*, relaciones para *expandirse* y mucho *más*. Lo que Dios le dio, trabájelo y manténgalo. En otras palabras, ponga su mejor esfuerzo en el trabajo con los recursos que tiene. *¡Trabájelo y manténgalo!*

"¡Reprodúzcanse, multiplíquense, y llenen la tierra! ¡Domínenla!"

El primer equipo de trabajo, el de Adán y Eva, tenía el ambiente de trabajo perfecto. Solo tenían una política a seguir —no comer de este único árbol en el jardín. Dios les dijo que reprodujeran y ampliaran Su creación. Todo lo que Dios les dio —árboles, animales y otros recursos— estaba disponible para servir a los propósitos de Dios mientras trabajaban.

Lo mismo es cierto para usted hoy. Hoy usted tiene muchos recursos a su alcance. Lo que la gente tardó años en aprender, se puede aprender en menos tiempo y a un costo menor. Los recursos que ahora tiene a su disposición son innumerables. No los desperdicie; maximícelos.

Pero tenga presente que no tendrá una contribución máxima haciendo lo mínimo requerido. Ese tipo de actitud no honra a Dios en absoluto. Usted debe decidir en su corazón maximizar lo que Dios le ha provisto, ya sea muy poco o en abundancia, y hacer lo mejor que pueda en su trabajo para la gloria de Dios. ¡Trabájelo y manténgalo!

"Dios el Señor tomó al hombre y lo puso en el huerto de Edén, para que lo cultivara y lo cuidara"

Gran parte de su frustración en el trabajo tiene que ver con el lugar donde trabaja y el tipo de trabajo que hace. Me gustaría que *considerara* este pensamiento: Dios lo coloca donde Él quiere que usted trabaje. En otras palabras, no está en su trabajo por accidente. Dios tiene un *propósito* para su *presencia* allí. Hay una pregunta *importante* que debe hacerse, especialmente cuando su *trabajo* lo lleve al límite.

¿Estoy dispuesto a dar lo mejor de mí donde Dios me tiene, mientras Él me tenga allí y hasta que me lleve a otro lugar?

Día 24

Encomiende su trabajo al Señor

Proverbios 16:3: *Encomienda al Señor tus acciones, y tus pensamientos serán afirmados.*

La fe, la confianza y la obediencia funcionan juntas. Si tiene fe, significa que *cree* —en el poder salvador y la soberanía de Dios— y *confía* en Dios y en Su Palabra. Y esta fe en Dios y la confianza en Su infalible poder salvador, lo lleva a *obedecerle*.

Confíe en Dios y obedezca Su Palabra en su trabajo.

"Encomienda al Señor tus acciones"

¿Qué significa para usted vivir por fe en el trabajo? Significa reconocer a Dios *primero* en su trabajo. Antes de hacer una lluvia de ideas, planificar o firmar cualquier contrato, busque la voluntad de Dios mientras se somete a Su Palabra. La palabra *comprometerse* significa literalmente ir en una dirección particular [1]. Conlleva la idea de total confianza y seguridad en el Señor. Significa que usted *busca* la voluntad de Dios y se *somete* a la Palabra de Dios en *todo* su trabajo.

Primero, *reconozca a* Dios como quien le da la *capacidad* de trabajar. Segundo, *confíe plenamente* en el Señor antes de comenzar a trabajar, durante su trabajo y después de terminar su trabajo. Tercero, *comprometa* sus actividades —cualquier trabajo que haga— para *honrar* al Señor y *servir a* Sus propósitos.

Entregue a Dios todo su corazón y reconózcalo en su trabajo.

Vivir una vida alineada quiere decir que trabaja *para* Dios y *para* Sus propósitos eternos. Puede tener un jefe en su trabajo, pero en última instancia, usted le reporta a Jesucristo. Puede administrar un negocio, pero Dios es la fuente de sus clientes, productos y otros recursos. Dios le da la *capacidad* de crear ideas innovadoras, prestar nuevos servicios, manejar problemas complejos y ofrecer soluciones relevantes a sus clientes.

---

[1] Fuerte, J. (1995). Léxico mejorado de Strong. Fraternidad Bíblica de Woodside.

Dios puede hacer cosas maravillosas en su lugar de trabajo cuando tiene su *corazón*. Él puede darte nuevas oportunidades para crecer.

Dios puede *conectar* a otros con Cristo cuando usted lo reconoce en *todo* su trabajo. Su trabajo es decirles a los demás lo *bueno que* Dios ha sido con usted.

"Y tus pensamientos serán afirmados"

¿Qué promesas le hace Dios cuando usted encomienda todo su trabajo a Él? El Señor promete *actuar* en su nombre y *guiarlo dirigiendo* sus caminos. Medite en los siguientes versos. Subraye la palabra o frase de acción que señala su responsabilidad específica.

Confía en el Señor de todo corazón, y no te apoyes en tu propia prudencia. Reconócelo en todos tus caminos, y él enderezará tus sendas. (Proverbios 3:5-6)

«Éste puso su confianza en el Señor, ¡pues que el Señor lo salve! ¡Que venga el Señor a librarlo, ya que en él se complacía!» (Salmos 22:8)

Pon tu camino en las manos del Señor; confía en él, y él se encargará de todo. (Salmos 37:5)

Ordena mis pasos con tu palabra, para que el pecado no me domine. (Salmos 119:133)

¿Cuándo exactamente Dios establece sus planes para el camino a *seguir?* Observe el patrón de lo que ha aprendido hasta este momento.

Reconoce a Dios como la *fuente* de su trabajo.
Reconoce a Dios antes de empezar a trabajar, mientras trabaja y después de completar su trabajo. Confía *en* Dios en su trabajo.
Se somete a la voluntad de Dios y *obedece* toda la Palabra de Dios mientras trabaja.
Confía en la sabiduría de Dios mientras trabaja y no en la suya.
Cree que Dios le mostrará lo que debe hacer a continuación.
Persevera a la espera de que Dios lo guíe.
Cree que Dios estará activamente involucrado en su trabajo.
Cree que Dios guiará sus planes.
Confía en Dios para evitar que el pecado lo controle.

De todo lo que hemos revisado, ¿cuál es su próximo paso de acción lógico para que Dios se involucre más en su trabajo?

Día 25

Vivir por fe

Gálatas 2:20: *Pero con Cristo estoy juntamente crucificado, y ya no vivo yo, sino que Cristo vive en mí; y lo que ahora vivo en la carne, lo vivo en la fe del Hijo de Dios, el cual me amó y se entregó a sí mismo por mí.*

Todo *cambió* cuando entregó su vida a Cristo. Usted fue cambiado espiritualmente al unirse a Cristo en Su muerte y triunfo sobre el pecado (Romanos 6:4-11). El poder del pecado sobre su vida fue *eliminado para siempre*. El pecado ya no *controla* su forma de pensar, no *determina* lo que habla ni *dirige sus* acciones.

"Pero con Cristo estoy juntamente crucificado"

En Cristo, su viejo yo está *muerto* y su nuevo yo está *vivo*. Usted se *unió* a Cristo en su crucifixión. En otras palabras, su antiguo yo y todos sus pecados fueron *depositados* en Cristo —su sustituto por el pecado— y *pagados* por Su sangre derramada en la cruz del Calvario.

Hablando en términos prácticos, cuando alguien le mencione *"el viejo yo"*, puede hablarle de la muerte de esa persona. Ya no es el que vive. Esa persona ha *muerto* y no va a volver a la vida. Esa persona solo identifica su pasado. Y esa persona permanece enterrada. En *Cristo,* usted tiene una identidad nueva y permanente en el presente.

"Y ya no vivo yo"

Hubo un tiempo en el que lo que usted quería *controlaba* su vida. Eso *influía en* sus decisiones, afectaba *su* estado de ánimo y *dirigía en que* gastaba su dinero. Usted estaba a cargo, y se sentía realmente bien. Pero cuando Jesús entró en su vida, usted perdió el *control*. Seguir a Jesús significaba dejar de *seguirse a* usted mismo.

> *A sus discípulos Jesús les dijo: «Si alguno quiere seguirme, niéguese a sí mismo, tome su cruz, y sígame. Porque todo el que quiera salvar su vida, la perderá; y todo el que pierda su vida por causa de mí, la hallará. (Mateo 16:24-25)*

Esta es una verdadera dificultad para muchos creyentes. Usted está acostumbrado a vivir de una determinada manera —a cumplir primero sus deseos personales— y ahora, Jesús es la *primera* persona a la que ama. Sus deseos están por *delante* de los suyos. Jesús se convierte *progresivamente en lo* primero de todas sus decisiones.

O Jesús es quien reina con supremacía en su vida o usted sigue en el trono, pero ambos no pueden reinar.

Tomar su *cruz* todos los días significa *rendir* su voluntad para *hacer* la voluntad de Dios —Seguir su Palabra. Para seguir a Dios plenamente, primero debe someterse a Él *sin* reservas. Así es como encuentra la vida *real*. Así es como se da cuenta de su propósito en la vida: *morir* a sí mismo *y* vivir para Cristo.

"Sino que Cristo vive en mí"

Jesús quiere dirigir *cada* parte de su vida. Vivir una vida alineada tiene que ver con *desbloquear* cada área, darle a Jesús la llave y tirar la llave de repuesto. Significa que Jesús *decide* qué es lo mejor para sus relaciones, lo mejor para su cuerpo, lo mejor para su vida espiritual, lo mejor para sus recursos y lo mejor para el propósito de su vida.

Jesús quiere acceso total e influencia sobre toda su vida en lugar de solo algunas partes de ella.

Ya que *Jesús* sabe lo que es *mejor*, *permita* que Él *reine*. ¡Bájese del trono!

"Y lo que ahora vivo en la carne, lo vivo en la fe del Hijo de Dios, el cual me amó y se entregó a sí mismo por mí."

¿Qué sucede cuando vive de esta manera? Cuando somete su vida a Cristo y le permite reinar con supremacía, aprende a vivir por *fe*. Y la fe, es lo que *agrada a* Dios (Hebreos 11:6). Aprende a *dejar* de frustrarse cuando las cosas no funcionan "perfectamente".

Aprende a *obedecer* la Palabra de Dios, incluso cuando hay un costo personal. Y aprende a *confiar en* Dios sin poner excusas ni cláusulas de excepción.

¿Qué paso de acción, de obediencia total, puede tomar hoy para demostrar que realmente le confía su vida a Dios?

Semana 7

Mis Recursos

Día 26

Maximice su tiempo

Efesios 5:15-17: *Por tanto, ¡cuidado con su manera de vivir! No vivan ya como necios, sino como sabios. Aprovechen bien el tiempo, porque los días son malos. No sean, pues, insensatos; procuren entender cuál es la voluntad del Señor.*

El tiempo es un recurso *limitado*. No se puede comprar ni pedir prestado más tiempo. Cada día tiene 24 horas y eso es todo. Con eso en mente, ¿cómo debería *maximizar* su tiempo? ¿Por qué es importante? Como siervo de Dios, usted es *responsable* de maximizar este precioso recurso. Más específicamente, ¿cómo debería *maximizar* su tiempo todos los días para *alinear mejor* sus planes y actividades con los propósitos de Dios?

"Por tanto, ¡cuidado con su manera de vivir!"

Empiece con una evaluación *honesta de su vida*. Examine cuidadosamente *cómo* está *gastando su tiempo*. ¿Qué está *influyendo en* su corazón y en su mente? ¿Qué es lo que continuamente le demanda más y más tiempo?

Cualquier cosa que influya en su corazón demandará más tiempo.

Mientras busca agradar a Dios con su vida, considere estas preguntas: ¿*Prioriza* lo que es importante para Dios en su agenda diaria? ¿Planea momentos para reunirse con otros y *compartir* el amor de Cristo? ¿El entretenimiento está ocupando *más* tiempo que sus devociones diarias? ¿Dedica tiempo para enseñar a otros a *crecer* en su fe?

"No vivan ya como necios, sino como sabios."

Usted tiene días que *podrían* haber resultado mejores. La idea detrás de maximizar el tiempo no es ser un superhumano en sus habilidades de gestión del tiempo. Tiene que ver con establecer prioridades *piadosas*, *aumentar* su enfoque y practicar *habitualmente lo que agrada a* Dios.

Los imprudentes siguen sus propios pensamientos y deseos. Los sabios *confían en* Dios, se *someten* a Su Palabra y se *apoyan* en el Señor para recibir dirección. ¿Aprovecha al máximo su tiempo a su manera —imprudentemente— o a la manera de Dios —sabiamente?

Permítame quitarle algo de presión que puede estar acumulándose en este momento. *No* compare sus habilidades para maximizar el tiempo con las de los demás. Su ritmo *no reflejará* el ritmo de los demás.

Lo animo a hacer avances *constantes* mientras el Espíritu de Dios lo guía. Piense en *un* área que pueda *ajustar* durante la próxima semana para maximizar su tiempo *hasta* que se vuelva un hábito.

Haga que sus prioridades diarias se alineen con las prioridades de Dios.

Considere esto: "¿Puede *maximizar* su tiempo para servir a los propósitos de Dios para su vida?" Seamos realistas, usted puede hacer un mejor trabajo al alinear su tiempo para *servir a* Dios y a Su reino. Pero no tenga miedo. Usted es una *obra* de la gracia de Dios en *progreso*.

Aquí hay una aplicación práctica para ayudarlo. Mientras piensa en el día de mañana, ¿dónde puede *reservar* cinco minutos para cumplir los propósitos de Dios en su lugar de trabajo? Puede ser algo que haga antes del trabajo, durante uno de sus descansos o después del trabajo.

Podría decir: "Cinco minutos no es nada", pero realmente es *significativo*. Si puede hacer algo *pequeño* cada día para servir a los propósitos de Dios, trabajará duro para encontrar la manera de agregar *más* tiempo en el futuro.

Aproveche el tiempo que tiene *hoy* para hacer avanzar la obra de Dios. ¿Por qué? Porque *no* tiene garantizado el mañana.

"Procuren entender cuál es la voluntad del Señor."

Usted descubre la voluntad de Dios cuando *estudia* y *obedece* la Palabra de Dios. Como administrador de Dios, la expectativa es que maximizará su tiempo para *complacerlo*. Pasar tiempo estudiando la Palabra de Dios es el punto de *partida correcto* para usar el tiempo que se le ha dado de manera más efectiva.

Entre otras cosas, la voluntad de Dios es que todas las personas se *arrepientan* y lleguen a la *fe* en Cristo (2 Pedro 3:9). Dios desea que todas las personas *conozcan* la verdad de Su Palabra. La voluntad de Dios es que las personas se *amolden* a la imagen de Jesucristo.

Dios quiere que lo *ame* y ame a quienes están a su alrededor.

Dios quiere que le *sirva* como sirve a quienes están a su alrededor.

Y mientras aprende a priorizar estas cosas en su vida, el Señor le enseñará cómo aprovechar al máximo su tiempo.

¿Qué debería cambiar para servir mejor a los propósitos de Dios?

Día 27
Hay un tiempo para orar y un tiempo para actuar

Ester 4:14-16: *Si ahora callas por completo, de alguna otra parte nos vendrá respiro y liberación a los judíos, pero tú y tu familia paterna morirán. ¿Quién sabe si has llegado al reino para un momento así?» Ester le envió a Mardoqueo esta respuesta: «Ve y reúne a todos los judíos que se hallan en Susa, y ayunen por mí noche y día; no coman ni beban nada durante tres días, que mis doncellas y yo ayunaremos también. Después de eso me presentaré ante el rey, aun cuando eso vaya contra la ley. Y si tengo que morir, ¡pues moriré!»*

La indecisión es en realidad la decisión de no hacer *nada*. La reina Ester vivía muy cómoda en el palacio del rey. La *providencia* de Dios llevó a Ester a ganar el concurso de belleza del rey. Esto le dio a Ester acceso *directo* al rey. Todo parecía estar bien hasta que el rey accedió a matar a todos los judíos debido al complot traicionero de Amán.

Ester estaba disfrutando de su tiempo, pero no lo estaba *maximizando* para los propósitos de Dios. Ella no vio la urgencia de la situación hasta que Mardoqueo se lo aclaró. Él desafió a Esther a hacer su parte.

Si no maximiza su tiempo para avanzar en los propósitos de Dios, simplemente está perdiendo el tiempo.

Mardoqueo quería que Ester *aprovechara* su tiempo —y su influencia— en el palacio para salvar a los judíos. ¡El tiempo era primordial!

Tiempo para orar

Creo que usted estará de acuerdo en que la reina Ester estaba en una situación única. ¿Pero qué pasa con su situación? Anhelar la comodidad personal es una de las *mayores pérdidas de* tiempo que existen. Cuando su enfoque está en satisfacer sus necesidades y deseos personales, es fácil *desviarse espiritualmente* y *perderse por completo* de lo que Dios está haciendo.

La búsqueda constante de la comodidad personal le impedirá alinear su tiempo con los propósitos de Dios.

¿No es interesante saber que cuando se está más cómodo, con frecuencia es *difícil* orar por períodos de tiempo más largos? Si yo no puedo conciliar el sueño, pero empiezo a orar en la cama, tengo la garantía de conciliar el sueño en menos de cinco minutos. Si estoy recostado en un sofá cómodo, no puedo mantenerme enfocado en la oración por mucho tiempo.

Contrastar esto con orar de rodillas es una experiencia totalmente diferente. Mis años de jugar béisbol hacen que sea muy *incómodo* para mi orar de rodillas. ¿Pero adivine qué? Estoy *muy* alerta —tanto de mi *incomodidad* como de la *presencia* de Dios— cuando oro de esta manera.

Volvamos a Ester. Ella pide un ayuno nacional —sin comer ni beber ningún líquido— durante tres días o noches consecutivos. El ayuno y la oración funcionaban juntos en circunstancias *especiales.* Durante tres días, el ayuno y la oración harían que todos se sintieran *muy* incómodos. Honestamente, antes de actuar, este era el *mejor* uso de su tiempo.

Si desea maximizar su tiempo, empiece con la oración.

Tiempo para actuar

Ester decidió acercarse al rey después de este tiempo especial de oración y ayuno. Esto es importante. Su primer paso es orar *antes de* actuar, pero *debe* actuar. No use la oración como una *excusa* para postergar. Use la oración para *preparar* su corazón para lo que Dios quiere que haga.

La reina Ester se acercó al rey —arriesgando su propia vida— y encontró el favor por el que había orado *específicamente.* ¿Cuál es su oración específica? Aquí es donde *la fe se hace visible* y se *maximiza el tiempo. Deje* de orar en términos generales. Dígale a Dios exactamente lo que necesita.

Compórtense sabiamente con los no creyentes, y aprovechen bien el tiempo. (Colosenses 4:5)

¿Cómo sería *caminar con sabiduría hacia personas extrañas* —no creyentes— hoy? Piense en las personas que ve con más frecuencia en la escuela o en el trabajo. Piense en los que viven en su comunidad.

¿Qué acción viene a su mente cuando piensa en hacer el mejor uso de su tiempo con aquellos que no siguen a Cristo?

Día 28
Convierta la pasión espiritual en acción

1 Pedro 4:10-11: *Ponga cada uno al servicio de los demás el don que haya recibido, y sea un buen administrador de la gracia de Dios en sus diferentes manifestaciones. Cuando hable alguno, hágalo ciñéndose a las palabras de Dios; cuando alguno sirva, hágalo según el poder que Dios le haya dado, para que Dios sea glorificado en todo por medio de Jesucristo, de quien son la gloria y el poder por los siglos de los siglos. Amén.*

Aunque Dios le dio habilidades, talentos y destrezas para servir a todos, Él le dio dones espirituales *específicos* para servir a Su iglesia. Hay dos formas amplias de identificar los dones—los dones de *hablar* y los dones que se ministran en el *servicio* a los creyentes. Hay un *doble* propósito dentro de cada don espiritual: *glorificar a* Dios y *edificar* Su *iglesia*.

Los dones espirituales le son dados por Dios—y usados para los propósitos de Dios—para servir a Su iglesia.

Hay tres categorías de dones: Dones motivacionales, ministeriales y de manifestación. Por razones de tiempo—y papel—enfocaremos nuestro tiempo en la primera categoría.

En los dones motivacionales, usted encuentra la *fuente* de sus pensamientos, motivos, planes y acciones. Sus dones con frecuencia sirven como *catalizador* antes de hacer una llamada telefónica, servir a alguien en necesidad o pasar tiempo con aquellos que necesitan *ánimo*.

Estos dones son los que lo motivan en el ministerio. Sus pasiones espirituales se hacen *evidentes* con el uso de sus dones motivacionales. Usted tiene por lo menos uno de estos dones en su portafolio espiritual. Sin embargo, no necesariamente comparte la misma *combinación* de dones con otros creyentes. El punto crítico según 1 Pedro es *usar* estos dones.

Los 7 dones motivacionales

1. Profecía: *Denuncia el pecado y proclama con valentía la verdad de Dios.* El Don de Profecía habla del individuo que es "blanco y negro" en sus puntos de vista y en sus conclusiones sobre personas o situaciones.

Estos creyentes son *muy* apasionados por lo que está bien y lo que está mal. Odian *el* mal. Rápidamente ven cuando las cosas no están bien; lo denuncian con gran *audacia*.

2. Servicio: *Satisface las necesidades prácticas para fortalecer y ayudar a otros.* A las personas con este don les encanta ayudar a *otros a* brillar. Les encanta servir "entre bastidores" y trabajan arduamente para que el evento, la actividad o la persona tengan *éxito*.

3. Enseñanza: *Equipa y desarrolla a otros con capacitación y entrenamiento.* El creyente con el don de enseñar tiene pasión por *estudiar*. Le encanta estudiar la Palabra de Dios y muchos otros temas. Dedica largas horas a recopilar, organizar y presentar la verdad de manera *práctica*.

4. Aliento: *Fortalece y desafía a otros a avanzar en la fe y en la obediencia a Dios.* La persona con este don anima. Tiene mucha *esperanza* y es reconocida como una persona positiva. Hace un gran trabajo *desafiando a la* gente a seguir *adelante obedeciendo* la Palabra de Dios.

5. Dar: *Da generosamente recursos—incluso dinero—para bendecir a otros.* Los que tienen este don se sienten *impulsados* a bendecir a otros con sus recursos. Suelen ser muy buenos para *ganar* dinero y *adquirir riqueza* a través de logros comerciales, inventos, negociaciones y por otros medios.

6. Liderazgo: *Planifica, organiza y dirige a otros para que trabajen juntos.* La palabra griega, *priostamai*, significa gobernar, guiar y dirigir. Quienes tienen el Don del Liderazgo dedican mucho tiempo a mirar hacia el futuro y a *imaginar* nuevas posibilidades. Sueñan, planifican, organizan y *dirigen a las* personas para lograr estas posibilidades.

7. Misericordia: *Identifica, consuela y alienta a los que están sufriendo.* El don de misericordia tiene que ver con mostrar *compasión* a los necesitados. Estos creyentes se *apiadan* de los demás en situaciones dolorosas o difíciles brindando consuelo, cuidado y una presencia cálida. Responden al clamor del que suplica ayuda a Dios.

¿Cuál es su don de motivación?
¿Cómo puede aplicarlo consistentemente
para glorificar a Dios y fortalecer Su iglesia?

Día 29
Sirva a Dios con sus habilidades y talentos

Santiago 1:17: *Toda buena dádiva y todo don perfecto descienden de lo alto, del Padre de las luces, en quien no hay cambio ni sombra de variación.*

Dios le da habilidades específicas para Sus propósitos eternos. Una habilidad es la capacidad y el poder otorgados por Dios para *hacer* algo *bien*. Cada creyente tiene habilidades dadas por Dios. Aunque la medida y combinación única de estas habilidades es diferente para todos, su propósito divino es el mismo.

Como seguidor de Cristo, Dios lo equipa de manera única y le da el poder del Espíritu Santo para servir a los demás.

Sirva a Dios con sus habilidades

Dios le da la capacidad de *maximizar* sus habilidades para los propósitos de Su reino. Pero no todos maximizamos lo que tenemos. Necesitamos corregir esto. ¿Por qué? Porque cada habilidad—sin importar cuán *grande* o *pequeña sea*—*es una oportunidad* espiritual a la espera de ser aprovechada para la eternidad. Las habilidades están divididas en dos categorías principales: *talentos* y *capacidades*.

Habilidades

Talentos   **Capacidades**

Sus habilidades—el poder y la capacidad para *producir* grandes cosas—*provienen* de Dios. Dios quiere que usted trabaje con todas sus fuerzas para tener *excelencia* en sus resultados. Ya que Dios le entregó lo mejor—a Jesucristo crucificado en la cruz por sus pecados—lo mínimo que usted puede hacer es darle a Dios *lo* mejor, con lo que Él le ha dado.

Sirva a Dios con sus talentos

El Señor le ha dado algunas habilidades naturales *excepcionales*—desde el nacimiento—para que las use para *servirlo a Él* y a los demás. Llamamos a estas habilidades excepcionales, *talentos*. Los talentos son cosas que puede hacer excepcionalmente bien—y obtener excelentes resultados—con un mínimo esfuerzo. Y cuando combina la excelencia mientras sirve a los demás, los resultados pueden ser espectaculares y generar un cambio de vida.

El propósito de sus habilidades—tanto de sus talentos como de sus capacidades—es magnificar el nombre de Dios ofreciendo resultados extraordinarios al servir a los demás.

Esta es la *razón por la* que se le han dado habilidades especiales. No es con el propósito de convertirse en multimillonario, aunque puede usar sus habilidades para obtener ganancias y sobresalir en su carrera.

Usted no fue diseñado específicamente para hacerse famoso, aunque sobresalir en sus habilidades ciertamente llamará la atención de los demás. Sus habilidades le fueron dadas para *glorificar* el nombre de Dios mientras *sirve* a las personas en el nombre de Cristo.

Los talentos superan con creces las expectativas promedio.

Los talentos hacen que las personas escuchen con más atención, observen con mayor entusiasmo y eleven sus expectativas a un nivel completamente nuevo. Con frecuencia, se pueden identificar talentos extraordinarios desde una edad muy temprana. A menudo es algo que se hace sin esfuerzo, con fluidez y de manera altamente sincronizada. Es increíble verlo.

Los talentos son técnicas *no aprendidas de sorprendente precisión*. Sirven como toques *naturales* de belleza y fuerza *más allá* de toda comparación. Recuerde que usted también tiene talentos dados por Dios para servirlo a Él y a los demás.

Termine esta declaración y provea tres respuestas: Tengo una habilidad natural excepcional para...

1.
2.
3.

¿En qué actividades recibe elogios con regularidad por desempeñarse muy bien?

Día 30

Perfeccione sus habilidades

Salmos 78:72: *Y David cuidó de ellos con todo el corazón; con gran pericia los guió como a un rebaño.*

Siempre puede *mejorar* y perfeccionar sus habilidades. La educación, la formación y la experiencia son factores fundamentales en su desarrollo. El dominio de cualquier habilidad requiere un compromiso inquebrantable para *aprender* mientras se pone repetidamente en situaciones *incómodas* para *practicar* a un nivel superior.

Cuanto más perfeccione sus habilidades, más podrá maximizar las nuevas oportunidades que tenga de servir a los propósitos de Dios.

El rey David fue un líder inusual para su tiempo. Cuando David estaba en su mejor momento—antes de pecar contra Dios con Betsabé—tenía un carácter extraordinario y un *alto* nivel de habilidad. David era *estratégico* en la batalla, *talentoso* para la música y *honorable* en su carácter.

"Y David cuidó de ellos con todo el corazón"

David era un hombre *conforme* al corazón de Dios. Tenía la combinación perfecta para un liderazgo exitoso: carácter *y* habilidad. David usó todos los talentos que Dios le dio. Desarrolló sus *habilidades* para servir a Dios y al pueblo de Israel. Para nosotros, David es un sólido ejemplo a seguir.

Pero fíjese cómo David dirigió al pueblo de Dios. Lo condujo con un corazón *puro*. En otras palabras, David era *recto* de corazón. Gobernó con *justicia* para la gloria y los propósitos de Dios. David *estudió* y *memorizó* la Palabra de Dios y *escribió* Su Palabra con la inspiración del Espíritu de Dios.

Esto debería servir como un recordatorio constante en su vida. No importa qué tan talentoso o hábil pueda llegar a ser, lo más importante es en *quién* se está *convirtiendo* en su interior. Su carácter siempre *superará* lo que otros ven externamente. Y con el tiempo, su carácter—si no se *examina*—contribuirá a *derrumbar* cualquier talento o habilidad que pueda poseer.

¿Le pide con regularidad a Dios que *examine* su corazón?

¿Evita deliberadamente a las personas que lo tientan a pecar?

¿Honra a Dios con lo que *ve* en privado?

¿Desea sexualmente a alguien que no es su cónyuge?

"Con gran pericia los guió como a un rebaño"

Dios espera que usted use sus talentos y habilidades —que sirven como medidas de responsabilidad— para *maximizar* Su obra (Mateo 25:14-28). Dios lo hará responsable por los talentos y habilidades que tiene.

Debe *aprovechar* todo lo que se le ha dado para los propósitos de Dios. Dios lo preparó de *manera única* para usarlo de forma muy especial.

Todo lo que ha aprendido en la escuela, toda su capacitación en el trabajo y su educación debe usarse para ayudar a las personas a ver los caminos de Dios.

**Las capacidades son habilidades aprendidas
Usted desarrolla sus habilidades con educación
y experiencia y las perfecciona con la práctica.**

¿Cuáles de sus capacidades *actuales* requieren entrenamiento, experiencia o práctica *adicional para que pueda perfeccionarlas* y pasar *al siguiente* nivel de excelencia? Considere cada una y escriba un paso de acción para cada categoría.

Educación -

Experiencia -

Práctica -

¿Qué le impide empezar esta semana?

Semana 8

Mis recursos...continuación

Día 31
Dios es su fuente: hónrelo primero a Él

Génesis 14:18-20: *Entonces Melquisedec, que era rey de Salén y sacerdote del Dios Altísimo, sacó pan y vino y lo bendijo así: «Bendito seas, Abrám, del Dios Altísimo, creador de los cielos y de la tierra, y bendito sea el Dios Altísimo, que puso en tus manos a tus enemigos.» Y le dio Abrám los diezmos de todo.*

Pregunta: ¿Existe un modelo *bíblico* que le enseña cómo *honrar a* Dios—con lo que Él lo ha bendecido—incluidos sus tesoros y finanzas? Sí lo hay. Muchos años *antes* de que se diera la Ley de Dios, Abram—quien más tarde se convertiría en Abraham—honró a Dios *primero* al reconocerlo como la *fuente* de su provisión en la batalla —y de *todo lo* que le había permitido ganar.

¿Cómo hizo esto Abram? Dio a Melquisedec, el sacerdote de Dios Altísimo—el 10% (una *décima parte* o un *diezmo)* de toda su *ganancia.* Esto era lo *mismo* que dar a Dios. Aquí hay una *orden* que debe *entender.*

Ya que Dios lo bendice espiritualmente—en Cristo y materialmente—satisfaciendo sus necesidades—honre a Dios con el primer 10% de lo que Él provee.

Abram le da a usted —y a cada creyente— un principio *eterno* a seguir. Abram reconoció a Dios primero como la *fuente* de todas las posesiones materiales obtenidas y la *fuente* de todas las bendiciones espirituales a través del Sacerdote del Dios Altísimo. El orden de bendición se mantiene: Dios es *primero.*

Dios es la fuente de su salvación y triunfo sobre el pecado. Dios es la fuente de todo lo que ha ganado. Dios es la fuente de toda bendición espiritual en Cristo Jesús.

Abram voluntariamente dio a Dios la décima parte de todo lo que ganó. Fue un regalo voluntario de Abram al Sacerdote de Dios. Jacob siguió este mismo patrón. Jacob bendijo a Aquel que lo bendijo primero (Génesis 28:22).

Darle a Dios una décima parte de su tiempo, habilidades, destrezas, talentos, servicio, asistencia a la iglesia o participación en la comunidad no es el diezmo. *Honrar a Dios* con el primer 10% de sus ganancias, sus ingresos, es su diezmo.

El principio del diezmo trasciende el tiempo y la cultura
El diezmo honra a Dios y lo reconoce como su fuente

Así que aquí vemos de nuevo —no es una Ley de Dios— sino un principio sagrado. Un principio es atemporal y supra cultural. El principio del diezmo tiene que ver con honrar a Dios primero. Es una demostración de su completa confianza en la soberanía, provisión y poder de Dios. A través del diezmo, Abram honró a Dios y demostró su confianza total en Su provisión.

Melquisedec era un tipo de Cristo. Jesús es su Sumo Sacerdote. Lea Hebreos 7:1-17 en su Biblia. Jesús es el Mediador entre Dios y el hombre. Jesús lo bendice espiritualmente a través de Su muerte, sepultura y resurrección. Él le da la victoria sobre el poder del pecado y la vida eterna.

Ya que Jesús lo bendijo espiritualmente —y le proveyó materialmente— hónrelo primero con su diezmo

Esto resulta más evidente si el nuevo sacerdote que se levanta es alguien semejante a Melquisedec, quien no llegó a ser sacerdote por ceñirse a una ley meramente humana, sino por el poder de una vida indestructible. Pues de él se hace constar: «Tú eres sacerdote para siempre, Según el orden de Melquisedec». (Hebreos 7:15-17)

Juntemos todo esto. Si Jesús es su Salvador, también es su Sumo Sacerdote. Por la fe en Cristo, usted venció el poder del pecado. Jesús *ganó* la batalla por usted. Dios hizo su parte. Y ahora, es su turno. Honre a Dios primero dando *voluntaria y fielmente* a su iglesia —el cuerpo de Cristo— la décima parte de todo lo que gane.

El diezmo es el punto de *partida* para *honrar* a Dios con sus ingresos. Mientras *madura* en Cristo, crecer en *"la gracia de dar"* es lo que lo llevará a entregar *más* que el diezmo.

¿Lo ha bendecido Dios espiritualmente a través de Jesucristo?
¿Quién es la *fuente* de todos sus ingresos?
¿Le devuelve *fielmente* a Dios el 10% de lo que Él ha provisto?
¿Está *creciendo* en "la gracia de dar" y *aumentando* en generosidad?

¿Qué le impide honrar a Dios primero?
¿Qué le impide crecer en "la gracia de dar"?
Si Dios es su fuente, ¿de qué tiene miedo?

Día 32

¿Cuánto debe conservar?

Marcos 12:41-44: *Jesús estaba sentado frente al arca de las ofrendas, y miraba cómo la gente echaba sus monedas en el arca. Muchos ricos echaban mucho, pero una viuda pobre llegó y echó dos moneditas de muy poco valor. Entonces Jesús llamó a sus discípulos y les dijo: «De cierto les digo que esta viuda pobre echó más que todos los que han echado en el arca, porque todos han echado de lo que les sobra, pero ésta, de su pobreza echó todo lo que tenía, ¡todo su sustento!»*

Los líderes religiosos se obsesionaron con darle a Dios *sólo* lo que la Ley exigía. Llevaban la Ley a los extremos y obligaban a otros a llevar cargas hechas por el hombre. En la Ley, Israel fue instruido a separar los diezmos para el *culto*, las *fiestas* y la *comunidad*:

Culto (Números 18:21, 24, 26-32) – Este primer diezmo se consideraba *santo*. Se daba para *apoyar todo lo relacionado* con el sistema de culto de Israel, incluido el tabernáculo, el templo y el sistema de sacrificios. De lo que se daba a los levitas que servían en el santuario principal, a los sacerdotes se les daba una porción *especial*, *"un diezmo del diezmo"*, apartado exclusivamente por el Señor (Números 18:19-20).

Fiestas (Deuteronomio 14:22-27) – Este diezmo se apartaba regularmente para cubrir los *gastos* de las familias que viajaban a Jerusalén para participar en las fiestas nacionales de Israel. Este diezmo era apartado por cada familia *únicamente* para este propósito.

Comunidad (Deuteronomio 14:29-29) – Al igual que nuestro fondo de *AYUDAS*, este diezmo satisfacía las necesidades actuales de aquellos con *dificultades financieras* —como los pobres, los huérfanos y las viudas— y brindaba asistencia a los viajeros y levitas en la comunidad local. Este diezmo en particular se daba en el tercer y sexto año del ciclo sabático de siete años. Durante algunos años, el diezmo era por lo menos del 20% al 30% de sus ingresos.

El enfoque de dar debe centrarse en cuánto debe dar en lugar de preguntar: "¿Cuánto debo conservar?"

Lo que le da regularmente a Dios, y lo que guarda para sí mismo, es un *claro* indicador *de a quién adora verdaderamente*.

En esta breve historia, Jesús se refiere a las ofrendas de los ricos— aquellos que tienen *más* de lo que necesitan. ¿Cómo daban? Ellos daban de su abundancia. Estos individuos tenían más que suficiente.

No estaban sufriendo económicamente ni luchando por sobrevivir como lo estaba esta pobre viuda.

Lo fascinante de esta historia es lo que Jesús señala cuidadosamente a sus discípulos. Él llama su *atención*. Es como si Jesús dijera: "Chicos, tienen que ver lo que esta viuda está *dando* como ofrenda—¡es *increíble!*"

Es *fácil* ver y admirar la *aparente* generosidad de los ricos mientras se *ignoran* las "pequeñas" contribuciones de los pobres. Las "grandes sumas" hacían mucho ruido al ser depositadas en la caja de ofrendas, pero aún quedaba mucho dinero en sus cuentas bancarias.

Jesús señala a una viuda *pobre*. Puedo imaginarme a una anciana, caminando lentamente hacia la caja de ofrendas. Tal vez hizo una pausa, suspiró profundamente y derramó algunas lágrimas. Quizás hizo una oración de fe: "Aquí tienes Señor; sabes que esto es *todo* lo que me queda."

En cada dificultad financiera que enfrenta, Dios está a su lado. Él ve lo que usted le da a Su iglesia. Él sabe lo que le queda

Las viudas enfrentaban importantes dificultades *financieras*. Por lo tanto, Israel fue instruido a *cuidar* de ellas con sus *diezmos*. La viuda entrega la primera y la segunda moneda y eso fue todo. Dios ahora lo tenía todo. En la economía de *Dios*, esta viuda pobre dio mucho más que los ricos.

La viuda dio más porcentaje que los ricos y no se quedó con nada. Ella estaba "totalmente involucrada" con Dios. Fue como si ella dijera: "Señor, ¡ahora lo tienes *todo*! Solo cuento *contigo* para satisfacer *mis necesidades*. No tengo otro plan. Dependo completamente de ti Señor."

Si Dios dispone de todo lo suyo, darle todo lo que usted tiene es fácil

¿Cuánto debe *conservar*? Hay ocasiones en las que Dios le pide que dé con sacrificio —de maneras extraordinarias— a Su iglesia. ¿Está usted dispuesto a dar de esa manera? Quizás no signifique dar todo lo que tiene a su iglesia, pero si quiere decir guardar *menos* para expandir la obra de Dios.

El dar *siempre está* relacionado con la adoración. Para el pueblo de Dios era *impensable* acercarse a Él sin dar. Quizás es por eso que algunos creyentes se han enfriado hoy. Están guardando *demasiado*.

Dar a Dios es una parte esencial de su adoración espiritual

Día 33

No descuide ninguno de los dos

Mateo 23:23-24: *¡Ay de ustedes, escribas y fariseos, hipócritas! Porque pagan el diezmo de la menta, del eneldo y del comino, y soslayan lo más importante de la ley, que es la justicia, la misericordia y la fe. Es necesario que hagan esto, pero sin dejar de hacer aquello. ¡Guías ciegos, que cuelan el mosquito, pero se tragan el camello!*

Los escribas y fariseos eran conocidos por apegarse a la letra de la Ley *sin* que el Espíritu de la Ley guiara sus motivos, conversaciones y comportamientos. En todo este capítulo, Jesús describe su falsa doctrina mientras pone de manifiesto sus prácticas religiosas. Su conclusión es muy directa: son hipócritas.
Jesús *validó* el diezmo mientras les *recordaba* las prioridades de Dios. Jesús dejó en claro que Él no vino a quitar nada *de* la Ley de Dios, sino a *cumplirla* (Mateo 5:17-20; 23:23).

"Porque pagan el diezmo de la menta, del eneldo y del comino"

Jesús menciona el diezmo —algo que *todos* entendían y practicaban— para *plantear* un punto importante. Estos líderes enfocaban su energía en darle a Dios una décima parte de todo, incluso de las hierbas o especias más pequeñas disponibles. La cantidad de tiempo y energía requerida para gestionar este proceso era significativa, pero equivocada. Sirvió para desviar su atención de lo que era mucho *más importante*.

Jesús señaló que eran guías ciegos, que tomaban un mosquito —el *más pequeño* de los animales— y se aseguraban de que nunca entrara en sus cuerpos mientras bebían. Por el contrario, estos líderes con gusto se tragarían un camello —el animal *más grande.* Una locura ¿cierto?

"Y soslayan lo más importante de la ley, que es la justicia, la misericordia y la fe"

Jesús *no* los estaba condenando por ser meticulosos con la Ley de Dios, sino por ser totalmente *negligentes* con respecto a la ley moral de Dios: *justicia, misericordia* y *fidelidad*. Estos tres aspectos son fundamentales. Ellos se enfocaban *más* en recibir una décima parte de una semilla en la columna de ofrendas que en asegurarse de que quienes los rodeaban fueran tratados con *justicia*.

Estos líderes se enfocaban más en recibir una décima parte de una planta que en demostrar *misericordia* a aquellos que estaban en problemas. Ellos se enfocaban más en colar mosquitos que en caminar en *integridad*.

Los escribas y fariseos se enfocaban en —el diezmo— a *expensas* de los demás —la ley moral de Dios. ¡*Ambos* eran importantes! Jesús *reprendió* públicamente a estos líderes por su hipocresía. Jesús nos da el punto principal de este pasaje en su siguiente declaración.

"Es necesario que hagan esto, pero sin dejar de hacer aquello."

Amar a Dios y amar a los demás como a uno mismo son los dos mandamientos *más* importantes que usted debe cumplir. *Todo* en su vida debe fluir de estas dos prioridades. A veces puede sentirse *tentado* a obedecer una prioridad espiritual importante a expensas de otra. Por favor, *no* haga eso. No permita que su fe se vuelva superficial y débil.

Cumpla toda la Palabra de Dios—con todo su corazón, mente, alma y fuerza—en lugar de solo las partes que le gustan

Aquí está el corazón de Dios.

Justicia – Defienda la *verdad*. *Defienda* a los que no tienen representación. *Ayude* a los extraños que lo rodean. *Luche* por aquellos de quienes se están aprovechando. Sea la *voz* de los que no pueden hablar y el *defensor* de los que sufren a causa de la violencia o el abandono.

Misericordia – Demuestre *compasión genuina*. Permita que su bondad brille en la oscuridad. Haga por *alguien* lo que le gustaría que otros hicieran por todos. Ayude a las personas a encontrar una salida a los problemas que los paralizan. *Perdone* a los que pecan contra usted.

Fidelidad – ¿Quién puede encontrar a una persona digna de *confianza* en estos días? *Sea* la persona que quiere que los demás sean. Sea totalmente *confiable*. Deje que la confiabilidad *marque* cada relación. *Persevere* hasta el final.

Practique estas áreas de manera *consistente* en su vida *sin dejar* de honrar a Dios al ponerlo *primero* en la manera en que administra y maximiza sus finanzas. Estas cuatro áreas son *importantes* para Dios.

Nunca descuide un mandamiento que Jesús afirma

Día 34

Crezca en la gracia de dar

2 Corintios 8:1-7: *Hermanos, también queremos contarles acerca de la gracia que Dios ha derramado sobre las iglesias de Macedonia, cuya generosidad se desbordó en gozo y en ricas ofrendas, a pesar de su profunda pobreza y de las grandes aflicciones por las que han estado pasando. Yo soy testigo de que ellos han ofrendado con espontaneidad, y de que lo han hecho en la medida de sus posibilidades, e incluso más allá de éstas. Insistentemente nos rogaron que les concediéramos el privilegio de participar en este servicio para los santos, e hicieron más de lo que esperábamos, pues primeramente se entregaron al Señor, y luego a nosotros, por la voluntad de Dios. Por eso le rogamos a Tito completar la obra de gracia que ya había comenzado entre ustedes. Por lo tanto, ya que ustedes sobresalen en todo, es decir, en fe, en palabra, en conocimiento, en todo esmero, y en su amor por nosotros, sobresalgan también en este acto de amor.*

Teniendo en cuenta todo lo que hemos cubierto hasta aquí, es posible que todavía se encuentre en la *encrucijada* de dar. Tal vez mire hacia arriba y el semáforo esté en *verde*. Usted continúa dando fielmente y creciendo mientras Dios provee. O bien, quizás vea una luz *amarilla* y proceda con precaución. Usted ha empezado en algún lugar este viaje, pero sigue un poco nervioso, con el pie en el freno.

Y es posible que mire hacia arriba y vea una luz *roja*. Está convencido de que dar, especialmente el diezmo, es para el Antiguo Testamento y *no* debe mezclarse con el Nuevo Testamento. El hecho es que usted debe *crecer* en *"la gracia de dar"*. Su corazón *siempre* está donde está su tesoro. Coloque su tesoro en el reino de Dios y *observe la* obra de Dios.

Las iglesias de Macedonia estaban siendo *severamente* afligidas y experimentaban una pobreza *extrema*. Si usted se detuviera en la primera frase, sería devastador para su alma. Pero se pone mejor. En medio de todo esto, tenían *una gran* alegría. ¿Cuánta alegría? Tanta que *transformó* su pobreza en abundancia de generosidad.

Esta comunidad de iglesias dio lo *poco* que tenía y luego dio algo *más*. Nadie los obligó a dar. Dieron con gusto, con alegría y con sacrificio. Fueron un paso más allá. Le *rogaron* a Pablo que tomara su dinero; esto no era negociable para ellos.

Los hermanos creyentes estaban en problemas y en gran necesidad. ¡Pero espere un minuto! ¿Estaban estos macedonios *negando* sus propias necesidades? Por supuesto que no. Pero se *enfocaron* en amar a Dios y amar a los demás.

Mientras crece en la gracia de dar, sus circunstancias no determinan lo que da. Es su fe la que dirige su dar

El propio apóstol Pablo quedó *impactado* con la generosidad de estos santos. La fidelidad y la generosidad no tienen que ver con lo *rico* que usted sea *materialmente*, sino con lo *rico* que sea *espiritualmente*.

¿Puede dar abundantemente en medio de una gran *pobreza?* ¡Sí!

¿Puede dar abundantemente en medio de su mayor *dificultad?* ¡Sí!

¿Puede dar abundantemente cuando tiene que pagar préstamos escolares, un nuevo bebé en camino o una factura médica *inesperada?* ¡Sí puede!

"Pues primeramente se entregaron al Señor, y luego a nosotros, por la voluntad de Dios."

¿Cuál era su secreto? *Primero,* se entregaron de manera voluntaria y con sacrificio a *Cristo* y luego a Su *iglesia.* Estos creyentes querían ser usados por Dios para Sus propósitos y Su gloria. Persiguieron la voluntad de Dios con todo su corazón para hacer *avanzar* la obra de Dios. ¡Vaya!

Entonces, hicieron un compromiso *verbal.* Y ahora era el momento de que sus palabras se pusieran en *acción.* Con la ayuda continua de Tito, esta obra de gracia y fe se completaría.

Aquí está el profundo desafío de Pablo a estos santos y también a usted. Pablo quería que los macedonios fueran *espiritualmente* íntegros.

Mientras estos santos crecían en su camino de *fe,* en su manera de *hablar,* en su *conocimiento* de *Cristo* y Su Palabra, en su *fervor,* y en su *amor,* también debían *crecer* y *sobresalir* en *"la gracia de dar".*

La gracia de dar es la capacidad que Dios le da para confiar *plenamente en Él,* dar por fe *consistentemente* y dar con *sacrificio* para *alcanzar a* las naciones a través de su iglesia local. Dios *promete* suplir *todas* sus necesidades mientras *sobresale* en *"la gracia de dar"* (Filipenses 4:18-20).

¿Cuál es su siguiente paso para sobresalir en la gracia de dar?

Día 35

¿Qué medida quiere?

Lucas 6:37-38: *No juzguen, y no serán juzgados. No condenen, y no serán condenados. Perdonen, y serán perdonados. Den, y se les dará una medida buena, incluso apretada, remecida y desbordante. Porque con la misma medida con que ustedes midan, serán medidos.*

La Ley de Reciprocidad es el deseo de dar a una persona algo de valor *después de* haber recibido de ella algo de valor. Le damos a Dios *porque* Él nos ha bendecido ricamente en Cristo. En la Ley de Siembra y Cosecha, usted *solo* cosecha *cuando* siembra. Con *frecuencia* cosecha *más* de lo que siembra, pero *no* cosechará nada si *no* siembra.

Ningún agricultor *espera* recoger una cosecha si no ha plantado una sola semilla en su campo. Sería una locura que el agricultor siquiera lo considerara. Sembrar semilla es *directamente* proporcional a recoger una cosecha. Ninguna semilla equivale a cero cosechas. Cuando piensa en maximizar sus tesoros, tanto espirituales como materiales, ¿qué *medida* desea recibir?

En este pasaje, Jesús destaca la palabra—*"medida"*—con la intención de generar un GRAN impacto para quien da. La pregunta que debe *hacerse* es: "¿*A qué se* refiere *Jesús* en este pasaje con *"medida"*?"

"Den, y se les dará"

Un principio de dar es que usted *cosecha* en proporción a lo que *siembra*. La *"medida"* es *lo* que está sembrando. Recuerde lo que ha aprendido hasta ahora. Dios es la *fuente* de todas las cosas, incluida la semilla que tiene que sembrar. Dios lo *bendice* primero para que usted pueda *honrarlo*, avanzar en la agenda de Su reino, proveer para sus necesidades y las necesidades de los demás.

Cuando piensa en dar, ¿*qué* está dando? Lo que da determina la medida de la bendición de Dios en su vida. Inmediatamente, algunos piensan solo en las bendiciones materiales, pero Dios piensa diferente.

Dios puede bendecirlo *tanto* espiritual como materialmente *más allá* de todo lo que pida o imagine. ¡Si, Él puede! La pregunta sigue siendo: "¿Qué *dará* para que Dios lo bendiga?" Aquí está el desafío: dele a Dios la *"medida"* que usted quiere que Él bendiga y multiplique en su vida.

La *"medida"* que quiere que Dios bendiga es la *"medida"* que necesita dar

La viuda de Sarepta estaba a punto de preparar la última comida para su familia. El profeta Elías le dijo que *primero* le diera algo de comer—la *"medida"*—y luego tendría *suficiente* para su familia. La viuda hizo caso a las palabras de Elías. El resultado: ella y su familia tuvieron comida para *muchos* días.

> *No tengas miedo. Ve y haz lo que quieres hacer, pero antes cuece una pequeña torta bajo el rescoldo, y tráemela; después cocerás pan para ti y para tu hijo. (1 Reyes 17:13)*

De regreso al mercado de Israel, aquellos que compraban semillas o granos querían la medida *completa de su compra*. La semilla o el grano se vertían en un saco o en el regazo de la túnica larga de alguien. La persona sacudía su túnica o saco mientras presionaba el contenido para asegurarse de que *cada* parte de lo que estaba en su túnica o saco estuviera *totalmente* llena.

La semilla o el grano que se vertía, se rebosaba hasta que ya no podía ser presionado, sacudido ni distribuido. ¿Por qué es esto importante? Cuantas más semillas podía empacar en su saco o túnica, *más* semillas podía sembrar y obtenía una *mayor* cosecha.

"Porque con la misma medida con que ustedes midan, serán medidos."

Dios le da una buena medida de bendiciones espirituales y materiales. Nada se puede comparar con lo que usted ha *ganado* en Cristo Jesús. Las riquezas de Cristo le han sido dadas en *buena* medida, sacudidas y rebosantes. ¡Usted ha sido bendecido *abundantemente*!

Pero, ¿qué pasa con sus necesidades físicas y de otra índole? Volvamos al principio: Dele a Dios la *medida* de lo que quiere recibir. Como con la viuda pobre, dele a Dios una medida *completa* de lo que tiene. Si desea que Dios sea generoso con usted económicamente, sea generoso con lo que Él ya le ha provisto. *De* primero, *siembre* primero y coseche *después*.

Quiere que Dios bendiga su vida con amistades ricas y edificantes, *empiece* a tomar *acción* para *desarrollar* estas amistades. *¡Construya primero!*

Quiere que Dios bendiga su vida con un cónyuge, *comience* a *orar* por aquellos que no tienen cónyuge para que *encuentren* uno. *¡Ore primero!*

¿Cuál es la *"medida"* que quiere que Dios bendiga?

Semana 9

Mis relaciones

Día 36

Ame y sirva a su familia

Efesios 4:29-32: *No pronuncien ustedes ninguna palabra obscena, sino sólo aquellas que contribuyan a la necesaria edificación y que sean de bendición para los oyentes. No entristezcan al Espíritu Santo de Dios, con el cual ustedes fueron sellados para el día de la redención. Desechen todo lo que sea amargura, enojo, ira, gritería, calumnias, y todo tipo de maldad. En vez de eso, sean bondadosos y misericordiosos, y perdónense unos a otros, así como también Dios los perdonó a ustedes en Cristo.*

Pablo escribió estas palabras a la Iglesia de Éfeso. Yo con frecuencia me remito a estos versículos cuando entreno a parejas casadas y familias que tienen desafíos en sus relaciones. Su familia es importante para Dios. Y la forma en que usted *habla* con su familia todos los días *creará* un escenario relacional—saludable o no—en su hogar.

Usted debe modelar la semejanza con Cristo en *cada* relación familiar: cónyuge (Efesios 5:22-32), hijos (Efesios 6:1-3), padres (Efesios 6:4), hermanos y con el resto de su familia.

Cuando se reúna con su familia, me gustaría desafiarlo a que se comprometa a *edificar a* cada miembro *con* sus *palabras*. Esto puede parecer *muy* simple. Lo entiendo. Pero simple no lo hace *menos poderoso*.

"No pronuncien ustedes ninguna palabra obscena"

La familia puede extraer lo *mejor* de usted, pero también puede sacar lo *peor* de usted. En un minuto podría estar *felicitando* a un miembro de la familia por lo que ha dicho. Al minuto siguiente, es posible que esté señalando sus acciones con palabras *devastadoras*. ¿Como ocurre esto?

Si vive en la carne, *peleará* contra su carne. Pero aquello con lo que lucha *no tiene por qué* controlarlo. Con el Espíritu de Dios, puede *cambiar* la forma en que habla con su familia. ¿Cuándo fue la última vez que le pidió a Dios que cerrara su boca *antes de* proferir insultos, blasfemias, bromas profanas, mentiras, exageraciones hirientes, chismes u otras formas de lenguaje obsceno?

No puede amar a su familia y servirle bien cuando es su carne la que determina cómo se dirige a ellos

"Sino sólo aquellas que contribuyan a la necesaria edificación y que sean de bendición para los oyentes"

Cuando hable con su familia, siempre hable para *construir*. En la medida en que permanezca más en Cristo, desarrollará una mayor sensibilidad espiritual en cuanto a *lo que* su familia necesita escuchar y *cuándo* necesita escucharlo. No dé por sentada la siguiente afirmación.

Las palabras correctas—habladas en el momento apropiado y con gran amor—pueden ofrecer resultados que cambian la vida

¿Realmente cree eso? Por el contrario, las palabras sucias o desagradables—pronunciadas en cualquier momento y sin amor— pueden traer resultados *destructivos* en sus relaciones. ¿Cuál de los dos practicará regularmente con su familia? Las palabras que elija para hablar con su familia tendrán un impacto *multigeneracional*. Escoja sus palabras sabiamente.

"Desechen todo lo que sea amargura, enojo, ira, gritería, calumnias, y todo tipo de maldad"

No *contriste* al Espíritu Santo *negándose* a cambiar sus viejos comportamientos pecaminosos. Tome algunas decisiones cuando hable con su familia. *Perdone rápidamente;* no permita que la amargura se deposite en su corazón o se acelere por su boca. *Deje de enojarse* o de gritar con una rabia incontrolable. Nunca permita que su *temperamento* lo lleve al pecado.

No diga cosas que *no son* ciertas sobre los demás para lucir mejor. Deje de pensar de manera *impía*. Niéguese a practicar *cualquier* forma de mal—en su *mente,* con sus *ojos,* con sus *manos* o a través de su *boca*— con la familia que *Dios* le ha dado.

"En vez de eso, sean bondadosos y misericordiosos, y perdónense unos a otros, así como también Dios los perdonó a ustedes en Cristo."

En Cristo, puede *amar a* su familia y *servirle* incondicionalmente. Esta semana, haga algo amable, inesperado y tierno por un miembro de la familia. *Sorpréndalo* de una manera *memorable*. Si necesita *perdonarlo* por una ofensa pasada, haga una *pausa* ahora mismo y perdónelo.

Día 37
Involucre a su prójimo para Cristo

Lucas 10:29-37: *Pero aquél, queriendo justificarse a sí mismo, le preguntó a Jesús: «¿Y quién es mi prójimo?» Jesús le respondió: «Un hombre descendía de Jerusalén a Jericó, y cayó en manos de unos ladrones, que le robaron todo lo que tenía y lo hirieron, dejándolo casi muerto. Por el camino descendía un sacerdote, y aunque lo vio, siguió de largo. Cerca de aquel lugar pasó también un levita, y aunque lo vio, siguió de largo. Pero un samaritano, que iba de camino, se acercó al hombre y, al verlo, se compadeció de él y le curó las heridas con aceite y vino, y se las vendó; luego lo puso sobre su cabalgadura y lo llevó a una posada, y cuidó de él. Al otro día, antes de partir, sacó dos monedas, se las dio al dueño de la posada, y le dijo: "Cuídalo. Cuando yo regrese, te pagaré todo lo que hayas gastado de más." De estos tres, ¿cuál crees que fue el prójimo del que cayó en manos de los ladrones?» Aquél respondió: «El que tuvo compasión de él.» Entonces Jesús le dijo: «Pues ve y haz tú lo mismo.»*

El abogado de esta historia, como la mayoría de los santurrones, no tenía idea de cómo aplicar el Gran Mandamiento en la vida *cotidiana*. Esto no se debía a la falta de familiaridad con la Palabra de Dios. Era el resultado de una vida *enfocada* en uno mismo —en declararse correcto— al inventar sus propias reglas.

"¿Y quién es mi prójimo?"

Esta era la cuestión a tratar. El abogado quería imponer *limitaciones* a aquellos que *calificaban* para ser su prójimo—la persona a la que se le ordenó amar. Su pregunta pretendía *reducir* la definición de prójimo en lugar de *ampliarla*. Este hombre era inteligente, pero Jesús era *sabio*.

Jesús cuenta una historia para *ilustrar* el corazón de Dios mientras responde a la pregunta del abogado. Habla de un hombre judío que es golpeado casi hasta la muerte. Este hombre está en *grave* necesidad. Está seriamente herido, sufre solo y necesita *ayuda desesperadamente*.

Un sacerdote—representante de Dios ante el pueblo—*ignoró* la *necesidad* del hombre y siguió por el otro lado del camino. No se comunicó, ni verificó si seguía vivo, no prestó ayuda.

Un levita—un miembro de la tribu de Dios llamado a ministrar al pueblo de Dios, hizo lo *mismo*. ¿Puede creer lo que hicieron estos tipos?

Este hombre al lado del camino era judío; eso no *importó*

Este hombre estaba teniendo una grave crisis de salud; no les *importó*. A este hombre lo dejaron abandonado para que muriera; ni siquiera se molestaron en *detenerse*.

Su prójimo es cualquier persona que vea necesitada y a la que pueda ayudar

¿Había alguna *esperanza* para este hombre herido? Si las personas más respetadas de la sociedad no ayudaban al hombre, ¿*quién* lo ayudaría? La persona menos *esperada*—**un samaritano**—el *enemigo* de los judíos, serviría para darle a este arrogante abogado la lección de su vida.

"Pero un samaritano, que iba de camino, se acercó al hombre y, al verlo, se compadeció de él y le curó las heridas con aceite y vino"

De todas las personas que se negaron a detenerse a ayudar, el inesperado héroe—un samaritano—miró al hombre y se *compadeció*. Su compasión lo llevó a *actuar*. Hizo que el hombre *dejara* de sangrar, *desinfectó* sus heridas y lo *curó*. Pero espere... hay *más*.

"Luego lo puso sobre su cabalgadura y lo llevó a una posada, y cuidó de él"

El samaritano *pagó* un lugar para que descansara y recuperara sus fuerzas. Asumió *toda* la responsabilidad por el bienestar de este hombre maltrecho. Y prometió volver para *constatar* su recuperación. Fin de la historia. Jesús ahora le hace al abogado una pregunta profunda:

> «De estos tres, ¿cuál crees que fue el prójimo del que cayó en manos de los ladrones?» Aquél respondió: «El que tuvo compasión de él.» Entonces Jesús le dijo: «Pues ve y haz tú lo mismo.» (Vs. 36-37)

La gran pregunta no es, *"¿Quién es su prójimo?"* Eso es fácil. Las personas que *ve* a su alrededor que se encuentran en *necesidad* son su prójimo. Hay una pregunta más profunda y práctica que debe responder.

Hoy, ¿a quién le demuestra que usted es un verdadero prójimo?

Día 38
Desarrolle relaciones espirituales ricas

Hechos 2:42-47: *Las cuales se mantenían fieles a las enseñanzas de los apóstoles y en el mutuo compañerismo, en el partimiento del pan y en las oraciones. Al ver las muchas maravillas y señales que los apóstoles hacían, todos se llenaban de temor, y todos los que habían creído se mantenían unidos y lo compartían todo; vendían sus propiedades y posesiones, y todo lo compartían entre todos, según las necesidades de cada uno. Todos los días se reunían en el templo, y partían el pan en las casas, y comían juntos con alegría y sencillez de corazón, mientras alababan a Dios y brindaban ayuda a todo el pueblo. Y cada día el Señor añadía a la iglesia a los que habían de ser salvos.*

Cuando *cada* miembro de la iglesia, *hace parte* de ella, hay entusiasmo, anticipación, compromiso y una pasión *ardiente* por la presencia y la gloria de Dios. Desarrollar relaciones espirituales ricas con el pueblo de Dios—la iglesia—indica que su relación con Cristo está *prosperando*.

Lo que es hermoso y a la vez complejo en la iglesia de Cristo es que, o avanza *junta*—en amor, unidad, propósito y fe—o *no* avanza en absoluto.

Usted está llamado a desarrollar ricas relaciones espirituales con la iglesia de Dios—su pueblo escogido

"Las cuales se mantenían fieles a las enseñanzas de los apóstoles y en el mutuo compañerismo, en el partimiento del pan y en las oraciones."

No hay crecimiento espiritual *duradero en su vida sin un compromiso serio* con Cristo y Su iglesia. Estos primeros creyentes *anhelaban* reunirse para *escuchar* la Palabra de Dios y *compartir* los alimentos. Había gran *amor y armonía* espiritual. Los participantes estaban *impresionados* por la presencia y la obra de Dios en medio de ellos.

Las palabras eran *insuficientes* para explicar la presencia de Dios. Todos estaban asombrados de que tantas personas se salvaran. El Señor continuó confirmando Su Palabra a través de prodigios y señales. Era algo *surrealista* y *poderoso* de contemplar. Dios estaba claramente actuando.

"Y todos los que habían creído se mantenían unidos y lo compartían todo; vendían sus propiedades y posesiones, y todo lo compartían entre todos, según las necesidades de cada uno."

Si alguien le dijera: "Lo que es mío es suyo si alguna vez lo necesita", ¿qué pensaría? La *mayoría* de la gente diría: "Disculpe, pero ¿habla en serio?" ¿Usted cómo respondería?

La actitud mostrada en esta iglesia primitiva no tenía *precedentes*.
Necesita comida, tome *mi* comida.
Necesita ropa, tome *mi* ropa.
Necesita trabajo, venga a trabajar conmigo en *mi* negocio.
Necesita un lugar donde quedarse, venga y quédese con *mi* familia.
Necesita dinero para vivir. Venderé *mi* propiedad para ayudarle.

Aprenda más sobre las necesidades de los demás y explore nuevas formas de ayudar, mientras pasa más tiempo con ellos en persona

No es de extrañar que esta iglesia tuviera un impacto tan exponencial en todos los que los rodeaban. La Palabra de Dios *se incrementó*. *Todos* hacían su parte, *creciendo* en su fe y *participando* en la edificación de la iglesia de Dios.

Todos se reunían diariamente en el templo y en los hogares para comer juntos y *adorar*. ¿Cómo *respondió* Dios a una iglesia que desarrolló ricas relaciones espirituales, oró fervientemente, amó genuinamente y dio generosamente?

"Y cada día el Señor añadía a la iglesia a los que habían de ser salvos."

Dios usó a este grupo imperfecto de santos para *comenzar Su obra de transformación radical del evangelio*. Dios quiere hacer la *misma* obra de gracia en su iglesia local. Él espera que usted forme parte de *la iglesia* mientras *construye* relaciones espirituales saludables y ricas.

Dios cuenta con que usted *crezca* y, en el proceso, *capacitar* a otros para que crezcan en la Palabra de Dios y con el pueblo de Dios. No corra por las puertas del vestíbulo de su iglesia tan pronto como el pastor dice "Amén" al final del servicio. Viva *abundantemente...* construya relaciones ricas espiritualmente.

Hoy, ¿puede Dios confiar en usted para desarrollar relaciones espirituales ricas con Su pueblo?

Día 39
Invite a los no creyentes a seguir a Jesús

Juan 4:4-15: *Le era necesario pasar por Samaria, así que fue a una ciudad llamada Sicar, la cual está junto a la heredad que Jacob le dio a su hijo José. Allí estaba el pozo de Jacob, y como Jesús estaba cansado del camino, se sentó allí, junto al pozo. Eran casi las doce del día. Una mujer de Samaria vino a sacar agua, y Jesús le dijo: «Dame de beber.» Y es que sus discípulos habían ido a la ciudad para comprar de comer. La samaritana le dijo: «¿Y cómo es que tú, que eres judío, me pides de beber a mí, que soy samaritana?» Y es que los judíos y los samaritanos no se tratan entre sí. Jesús le respondió: «Si conocieras el don de Dios, y quién es el que te dice: "Dame de beber"; tú le pedirías a él, y él te daría agua viva.» La mujer le dijo: «Señor, no tienes con qué sacar agua, y el pozo es hondo. Así que, ¿de dónde tienes el agua viva? ¿Acaso eres tú mayor que nuestro padre Jacob, que nos dio este pozo, del cual bebieron él, sus hijos y sus ganados?» Jesús le respondió: «Todo el que beba de esta agua, volverá a tener sed; pero el que beba del agua que yo le daré, no tendrá sed jamás. Más bien, el agua que yo le daré será en él una fuente de agua que fluya para vida eterna.» La mujer le dijo: «Señor, dame de esa agua, para que yo no tenga sed ni venga aquí a sacarla.»*

Las personas han cambiado, sus hábitos han cambiado, pero su *necesidad* del *Salvador* sigue siendo la *misma*. Una parte clave de su alineamiento y crecimiento espiritual como seguidor de Jesús es su voluntad de *involucrar a los* no creyentes e *invitarlos* a *seguir a* Jesús.

No es necesario ser *teólogo* para involucrar a las personas espiritualmente. Usted no tiene que ser *desagradable* cuando comparte su historia de fe. Y ciertamente no tiene que *fingir* que sabe todo sobre Jesús, la creación de Dios o cualquier otra cosa.

¿Cuál es entonces la clave para un compromiso espiritual saludable?

¿Qué es lo que *nunca debe* olvidar al participar e invitar a los no creyentes a seguir a Jesús?

¡Sea usted mismo! ¡Sea usted mismo! ¡Sea usted mismo!
Sea la mejor versión, llena del Espíritu que Dios hizo para que fuera

"Allí estaba el pozo de Jacob, y como Jesús estaba cansado del camino, se sentó allí, junto al pozo."

Jesús pasó intencionalmente por Samaria y se detuvo en un lugar donde los incrédulos se *reunían* para recoger agua. Este fue un movimiento espiritualmente estratégico. No había una "técnica especial de evangelización" a seguir. Todo lo que hizo Jesús fue *sentarse* junto al pozo y *esperar* a que la gente llegara.

Usted debe ir a donde se reúnen los no creyentes para alcanzarlos

Jesús le dijo: «Dame de beber.»

Fíjese cómo Jesús inició la conversación. Fue un rompehielos *inesperado*. Los judíos y los samaritanos no se hablaban.

Se odiaban mutuamente. Puede pensar en personas o "grupos" que tienen fuertes sentimientos contra usted debido a su fe en Cristo. ¿Significa eso que debe *evitarlos*? ¡Absolutamente no! *Involúcrelos*.

Si lo más difícil para usted es involucrar a un no creyente, comience con un *rompehielos*. Jesús comenzó con el agua. *Comience* con algo que *ambos* tengan en *común*. Luego, encienda su *curiosidad espiritual*.

«Si conocieras el don de Dios, y quién es el que te dice: "Dame de beber"; tú le pedirías a él, y él te daría agua viva.»

"¡El agua viva" es muy buena! Jesús capturó su curiosidad *y* su imaginación. ¿Qué es el *"Agua Viva"* y qué puede hacer por mí? La gente a su alrededor está *desesperada* por la *vida* que Jesús ofrece. Siguen regresando al pozo de la *incertidumbre*, el *quebrantamiento* y la *desesperanza*. Intentan llenar su vacío con soluciones *temporales,* pero nada cambia.

«Señor, dame de esa agua, para que yo no tenga sed ni venga aquí a sacarla.»

Los no creyentes—incluso aquellos a quienes conoce en persona— volverán a tener sed. Usted conoce a quien puede saciar de manera permanente su sed. *No* complique las cosas. Rompa el hielo e *invítelos* a seguir a Jesús.

¿Qué pasaría si el compromiso que teme—invitar a la gente a seguir a Jesús—se convierte en lo que más disfruta?

Día 40

Mejore sus amistades

1 Samuel 18:1-3: *Después de que David terminó de hablar con Saúl, sucedió que Jonatán se encariñó con David y lo quiso como a sí mismo. Ese día Saúl tomó a David a su servicio, y ya no lo dejó volver con su padre. Además, Jonatán y David hicieron un pacto de amistad, pues Jonatán lo quería como a sí mismo.*

Las amistades, especialmente las *piadosas*, son *esenciales*. Sirven para *moverlo* más allá de su zona de confort, *animarlo* cuando está desanimado, *protegerlo* del peligro y *desafiarlo* cuando peca. Ese tipo de amistades *no son* automáticas. Usted debe *buscar* estas relaciones, separar el tiempo y nutrirlas.

Después de ver a Dios derrotar al gigante Goliat a través de su siervo David, Jonatán, el hijo del rey Saúl, se conectó de inmediato con este joven guerrero. La fe de David en Dios era extraordinaria. Cuando todos en Israel *temblaban* ante la presencia de Goliat y daban un paso *atrás*, David lo *desafió* y dio varios pasos *adelante*.

¿No le gustaría conectarse con alguien con este tipo de fe? ¡A todos nos gustaría! Jonathan rápidamente se dio cuenta de lo valioso que sería establecer una amistad con David. Jonatán hizo un *pacto*—una promesa ante Dios—con David para consolidar su compromiso de servir *juntos fielmente a los propósitos de Dios*. ¿Tiene usted ese tipo de amistades?

Los amigos piadosos lo desafiarán a crecer espiritualmente en muchas áreas que deben alinearse con los propósitos de Dios

La Palabra de Dios le muestra el *camino* para llegar a ser *sabio*. También le muestra cómo identificar los comportamientos destructivos y los necios. Para *perfeccionarse* espiritualmente—y volverse *sabio* en el proceso—*construya* amistades con aquellos que *buscan* la voluntad de Dios en *cada* área de sus vidas.

Quien se junta con sabios, sabio se vuelve; quien se junta con necios, acaba mal. (Proverbios 13:20)

Los amigos con los que pasa más tiempo hoy, sin duda darán forma a la persona en la que se convertirá mañana

Las Escrituras nos *advierten* repetidamente sobre las personas que regularmente incluimos en nuestras vidas y que tienen un carácter impío. Es solo cuestión de tiempo para que comencemos a *declinar* espiritualmente—y seguir sus valores—cuando su influencia en nuestras vidas sea *mayor* que la de Cristo y Su Palabra.

No se dejen engañar: las malas compañías corrompen las buenas costumbres. (1 Corintios 15:33)

No tengas nada que ver con gente violenta, ni te hagas amigo de gente agresiva, para que no imites su conducta y tú mismo te tiendas una trampa. (Proverbios 22:24-25)

Obviamente, esto no significa que *no* construya amistades con los no creyentes. Lo que sí significa es que no permita que la forma de pensar, hablar o comportarse de ellos—cuando *no está* alineada con la Biblia—*cambie* su forma de pensar, hablar y comportarse.

Entonces, aquí hay una pregunta que debe hacerse honestamente: ¿Sus amigos lo están *influenciando* para que tenga más fe en Dios, *ame* a su familia con *sacrificio*, sirva a los demás, *supere* las tentaciones, *persevere* en las dificultades o *aumente* su nivel actual de fidelidad y generosidad?

Estas son las cosas que hacen los amigos, para que *usted* se *perfeccione*. *Persiga* este tipo de amistades. Aquí hay otra cosa a considerar.

Sea el amigo piadoso que quiere que otros sean para usted

Fíjese en algunos de los *poderosos* beneficios de las amistades piadosas, aquellas que sirven para perfeccionarlo espiritualmente. Subraye los beneficios que encuentre.

Pero quédate conmigo y no tengas miedo, pues quien busca matarme también te buscará a ti, pero conmigo estarás a salvo. (1 Samuel 22:23)

Es mejor la represión franca que el amor disimulado. Son más confiables las heridas del que ama, que los falsos besos del que aborrece. (Proverbios 27:5-6)

El bálsamo y el perfume alegran el corazón; los consejos del amigo alegran el alma. (Proverbios 27:9)

¿En qué hábitos piadosos es desafiado regularmente por sus amigos para que comience o continúe?

Semana 10

Mi salud

Día 41

Discipline su cuerpo

1 Corintios 9:24-27: *¿Acaso no saben ustedes que, aunque todos corren en el estadio, solamente uno se lleva el premio? Corran, pues, de tal manera que lo obtengan. Todos los que luchan, se abstienen de todo. Ellos lo hacen para recibir una corona corruptible; pero nosotros, para recibir una corona incorruptible. Así que yo corro y lucho, pero no sin una meta definida; no lo hago como si estuviera golpeando el viento; más bien, golpeo mi cuerpo y lo someto a servidumbre, no sea que después de haber predicado a otros yo mismo quede eliminado.*

D isciplina *no es* una palabra aceptada por todos. Trae consigo *imágenes* de ejercicio *intenso*, *largas horas* de estudio, trabajo *interminable*, momentos *dolorosos*, *largas* maratones y elecciones alimentarias *desagradables*. Aunque la palabra disciplina no le produzca entusiasmo, usted anhela los *resultados* que puede producir en su vida.

Disciplina significa que usted practica el autocontrol mientras alinea su cuerpo, alma, mente y espíritu con las prioridades de Dios

No existe tal cosa como un seguidor de Cristo que está *"fuera de control"*. Esto incluye cómo reacciona a lo que dicen los demás, la cantidad de comida o bebida que consume, cuánto trabaja o no trabaja, cómo gasta su dinero y cuánto entretenimiento ve. Estar alineado quiere decir que tiene una disciplina *guiada por el Espíritu en cada una de estas áreas.*

Pero el fruto del Espíritu es amor, gozo, paz, paciencia, benignidad, bondad, fe, mansedumbre, templanza. Contra tales cosas no hay ley. (Gálatas 5:22-23)

El Espíritu de Dios no tiene el control cuando su vida está fuera de control

No *juzgue* a alguien por beber demasiado cuando usted está comiendo demasiado. No *critique a* alguien por ser perezoso cuando usted pasa de 80 a 100 horas semanales en el trabajo. Deje de *enojarse* con alguien porque gana más dinero cuando usted no tiene un presupuesto y gasta más de lo que puede permitirse. No sea *envidioso* cuando vea a otros con relaciones *saludables* cuando usted nunca dedica tiempo para que *sus* relaciones prosperen.

"Todos los que luchan, se abstienen de todo."

Los grandes atletas disciplinan sus *cuerpos* para rendir al máximo. Usted *también* debería hacerlo. Estos atletas dedican *tiempo* a planificar, preparar e implementar formas efectivas de mejorar. Para el atleta profesional, la disciplina es un estilo de *vida*. Así es como *eligen* vivir.

¿Qué dirían sus familiares o amigos sobre su capacidad para tener una vida disciplinada en lo que respecta a la forma en que maneja su cuerpo? ¿Dirían que el autocontrol es la *norma* de su vida o la *excepción*? ¿Dirían que usted *maximiza* su cuerpo?

¿Es su vida más parecida a la de un atleta disciplinado que entrena o a la de un aficionado descontrolado en el estadio? Mediante el poder del Espíritu de Dios—que vive en su interior—usted *puede* disciplinar su cuerpo. En Cristo, usted tiene una mente sana con la capacidad de practicar el dominio propio en todas las cosas.

Porque no nos ha dado Dios un espíritu de cobardía, sino de poder, de amor y de dominio propio. (2 Timoteo 1:7)

"Más bien, golpeo mi cuerpo y lo someto a servidumbre, no sea que después de haber predicado a otros yo mismo quede eliminado."

¿Acaso ignoran que el cuerpo de ustedes es templo del Espíritu Santo, que está en ustedes, y que recibieron de parte de Dios, y que ustedes no son dueños de sí mismos? Porque ustedes han sido comprados; el precio de ustedes ya ha sido pagado. Por lo tanto, den gloria a Dios en su cuerpo y en su espíritu, los cuales son de Dios. (1 Corintios 6:19-20)

Cuando alguien le diga: "Usted no puede controlar sus *hábitos alimenticios*", no le crea. Cuando le digan: "Usted no puede *resistir* la tentación", no lo acepte. Cuando le digan: "Usted no puede *detener* sus deseos sexuales ilegítimos" o "No puede *dejar* de emborracharse o de consumir drogas", no persiga a quien ellos persiguen ni vaya a donde ellos van. Tome la decisión de *honrar* a Dios con su cuerpo.

No insulte a Dios diciéndole que no puede controlar lo que sus sentimientos lo *llevan* a hacer. Es posible que no tenga control sobre sus sentimientos, pero siempre tiene control *total* sobre cómo *responde* a sus sentimientos. Alinee *cada* uno de sus sentimientos con la Palabra de Dios. Independientemente de sus sentimientos, la Palabra de Dios *clarifica* el camino que usted debe seguir.

¿De qué se está absteniendo para vivir una vida más disciplinada?

Día 42

Haga ejercicio con regularidad, pero no de forma obsesiva

1 Timoteo 4:7-8: Desecha las fábulas profanas y de viejas. Ejercítate para la piedad; porque el ejercicio corporal es poco provechoso, pero la piedad es provechosa para todo, pues cuenta con promesa para esta vida presente, y para la venidera.

La gente en nuestro país está *obsesionada* con el ejercicio. No es raro escuchar que las personas pasan más de tres horas al día en el gimnasio. Se les llama "ratas de gimnasio" y recuerdo haber sido uno de ellos en alguna época. Pasar horas en el gimnasio no era *gran* cosa mientras asistía a la universidad. Sin embargo, *descubrí* que otras *prioridades* necesitaban *más* tiempo mientras maduraba en Cristo. Por consiguiente, mi tiempo en el gimnasio *disminuyó*.

El ejercicio regular es importante, pero no es el valor o prioridad más importante en su vida

¿Le *obsesiona* hacer ejercicio con regularidad? ¿Su rutina de ejercicios ha *reemplazado* sus devociones espirituales? ¿Es el tiempo que pasa en oración, estudiando la Biblia, en la iglesia y con los grupos pequeños solo una *fracción* de su tiempo en comparación con el tiempo que pasa en el gimnasio?

"Ejercítate para la piedad"

Como templo de Dios, su entrenamiento espiritual es *constante* (1 Corintios 6:19-20). Entrenarse para la piedad requiere de un adiestramiento *ininterrumpido*. Si el pecado lo distrae, su entrenamiento se detiene. Por esta razón, mantener su cuerpo *santo* es un trabajo *serio*.

Usted debe invertir tiempo y energía en esta gran obra de santidad personal. La piedad *nunca es* automática. El pecado puede haber sido el enfoque predominante en su pasado, pero la *piedad* es ahora su nueva meta de entrenamiento.

Ya que usted le pertenece a Dios, Él es quien decide sus principales valores y prioridades. Dios diseña el programa de entrenamiento—la *redención*—el manual de entrenamiento—la *Biblia* —y recluta a Su equipo—*usted* y la *iglesia* colectivamente—para que Su reino gane.

Esto es lo que algunas personas olvidan. Usted *no* es un jugador solitario en el campo. La vida *no gira* en torno a usted. Usted fue comprado por un precio y puesto en la familia espiritual de Dios. Mejor que estar en un gran equipo, ahora es parte de un reino eterno que conquistará todo reino.

No se trata de si está en buena forma física para jugar bien, sino de si está en buena forma espiritual para servir bien

Seamos prácticos.

¿Debería *planear* hacer ejercicio durante 30 minutos, tres veces por semana? Sí debería.

¿Debería buscar formas *creativas* de hacer ejercicio para maximizar su tiempo? Sí debería.

¿Debería *estudiar* técnicas de entrenamiento y estiramientos apropiados mientras hace ejercicio a un ritmo sostenible para disminuir el riesgo de lesiones? Sí debería.

¿Seguirá usando sus pantalones elásticos por un tiempo si el ejercicio no es algo que practique con regularidad? Sin duda que sí.

"Porque el ejercicio corporal es poco provechoso, pero la piedad es provechosa para todo"

He aquí algunas maneras prácticas para que *crezca* en la piedad. Primero, ignore *los mitos irreverentes y tontos*. A la gente le encanta hablar de leyendas, fantasías e historias disparatadas—incluso con un componente espiritual—como si fueran verdaderas. *Niéguese* a escuchar lo que es falso.

Segundo, *prepárese* para su entrenamiento. No lea su Biblia cuando esté *ocupado* con responsabilidades familiares o pasando de una reunión a otra en el trabajo. Sea *disciplinado* en su planificación. Reúnase con Dios durante la *primera* parte de su día. Dele lo mejor, no sus sobras.

De *prioridad* a la reunión de los domingos por la mañana y con su grupo pequeño durante la semana. *Separe* tiempos prolongados de oración. Haga algo *diferente* en su vida de oración para ser más consciente de la presencia de Dios. Haga *ayuno* de una comida por semana—si es físicamente capaz de hacerlo—para orar por aquellos que están lejos de Dios. ¡*Entrénese para la piedad!*

¿Qué puede empezar a hacer esta semana para entrenarse regularmente para la piedad y el ejercicio?

Día 43

Coma más saludable

1 Corintios 6:12-13: *Todo me está permitido, pero no todo me conviene. Todo me está permitido, pero no permitiré que nada me domine. Los alimentos son para el estómago, y el estómago es para los alimentos, pero Dios destruirá tanto al uno como a los otros. Y el cuerpo no es para la inmoralidad sexual, sino para el Señor, y el Señor es para el cuerpo.*

El Antiguo Testamento estaba lleno de leyes relativas a la dieta para que Israel las *siguiera*. No era que Dios quisiera que se perdieran el disfrute de una buena comida.

El Señor estaba *más interesado* en su salud a *largo* plazo que en sus *placeres* a *corto plazo*. *Dios* los *protegió* sabiamente de *enfermedades* y les *proveyó* una dieta *rica* en vitaminas.

¿Cuánto tiempo, energía y cuidado invierte en comer *más saludable*? Es muy convincente leer esto, ¿verdad? Esta es definitivamente un área con la que batallo. ¿Y usted?

Es posible que se sorprenda al encontrar este asunto en un devocional espiritual. Pero piense en este tema cuidadosamente por un momento.

¿Honra a Dios cuando *come* o *bebe* todo lo que quiere?
¿Honra a Dios cuando se *sirve* tanto como quiere?
¿Honra a Dios cuando *come* sin parar?
¿Es una elección sabia comer cuatro hamburguesas a las 9:00 pm, dos tazones de cereal a las 12:30 am, y seis rebanadas de pizza a las 4:00 am? La respuesta es obvia.

Comer más sano es una parte importante de alinear su vida con la voluntad de Dios

"Todo me está permitido"

Algunos creyentes pueden objetar y afirmar: "¡Pero yo soy *libre* en Cristo para comer lo que quiera!" Y esa afirmación sería cierta, pero, la sabiduría divina piensa y responde de *manera diferente*. En Cristo, también tiene la completa libertad de *no* comer lo que quiera.

***No todo lo que le* parece bueno, lo es *para* usted**

"Pero no todo me conviene"

Por ejemplo, consumir mucho azúcar es un grave *problema* de salud en nuestro país. Las personas padecen enfermedades y condiciones de salud *graves* por consumir altos niveles de azúcar. Yo puedo controlar *mejor* la cantidad de azúcar que consumo. ¿Y usted?

No conviene comer mucha miel, ni tampoco procurar la propia gloria. (Proverbios 25:27)

¿Por qué es tan importante que se detenga y considere estas cosas mientras reflexiona sobre su alineación espiritual? Estudie este versículo a continuación.

Nosotros somos hechura suya; hemos sido creados en Cristo Jesús para realizar buenas obras, las cuales Dios preparó de antemano para que vivamos de acuerdo con ellas. (Efesios 2:10)

Comer alimentos más saludables y mantener niveles de energía sostenibles funcionan *conjuntamente*. Una de las principales razones para comer alimentos más saludables no es solo para mejorar los resultados de sus exámenes. Debe esforzarse por comer *más* saludable para tener *más* energía para la buena obra de Dios a lo largo de su vida. Un buen manejo de la energía *conduce* a una *mayor* productividad.

Dios ha preparado *buenas obras* para que usted las realice. Esto requiere energía y concentración. No se puede hacer mucho bien si no se tiene energía

No honra *a* Dios cuando se queda dormido con su familia, en el trabajo o durante los servicios de la iglesia. Dios *no se* ríe cuando usted es maleducado con los demás por comer *mal* y en *exceso*. Comer más saludable *aumentará* sus niveles de energía. También le ayudará a servir *mejor a los demás*.

"Pero no permitiré que nada me domine"

No permita que el azúcar, las drogas, el alcohol o cualquier alimento o bebida lo *controle*. Usted tiene el control sobre *lo* que come, *cuánto* come, *cuándo* come y *con qué frecuencia lo hace*. Tome la decisión de comer más sano. Haga las *buenas obras* que Dios lo ha llamado a hacer. Él cuenta con usted; y otras personas también.

¿Qué cambio debería iniciar hoy para comer más saludable?

Día 44

Renueve su alma

Salmo 23: *El Señor es mi pastor; nada me falta. En campos de verdes pastos me hace descansar; me lleva a arroyos de aguas tranquilas. Me infunde nuevas fuerzas y me guía por el camino correcto, para hacer honor a su nombre. Aunque deba yo pasar por el valle más sombrío, no temo sufrir daño alguno, porque tú estás conmigo; con tu vara de pastor me infundes nuevo aliento. Me preparas un banquete a la vista de mis adversarios; derramas perfume sobre mi cabeza y me colmas de bendiciones. Sé que tu bondad y tu misericordia me acompañarán todos los días de mi vida, y que en tu casa, oh Señor, viviré por largos días.*

Seguramente usted ha experimentado esto en más de una ocasión. Está involucrado en varias buenas actividades. Está *ayudando a* otros en el proceso y marcando una diferencia en sus vidas. Ha invertido tiempo, energía y otros recursos para *animar a* otros y que las *cosas* mejoren.

Pero ahora está *cansado*. En el fondo de su alma, está *emocionalmente* exhausto. No tiene nada más para dar por el momento. El indicador de su alma se ha detenido en *vacío*. ¿Ha estado allí recientemente? El rey David puede identificarse con esto y yo también.

Hay momentos en los que no queda *nada* en el tanque. Es entonces cuando *Dios* puede darle a su alma el *descanso* que necesita y *llenar* su tanque de nuevo. Solo *Dios* puede llenar su alma.

Alinee su alma para que sea recargada por el Señor

Usted pone combustible, aceite y otras cosas cuando están vacías, pero ¿qué pasa con *su* alma? Reponer su alma es *esencial* para su salud en general. Usted *no* es una máquina; *deje de* actuar como tal. Necesita tiempo para recargar su alma. ¿Cómo puede hacerlo?

Hablemos ampliamente de dos principios que le ayudarán: el *silencio* y la *soledad*. ¿Se siente *incómodo* en *silencio*? ¿Siempre *necesita* tener música de fondo o *escuchar* a alguien hablando en un programa de entrevistas?

David, incluso antes de convertirse en el líder de Israel, pasó tiempo a *solas* con Dios. Aprendió a encontrar fuerza espiritual *y* emocional por sí mismo—solamente con Dios *para* fortalecerlo. Y a lo largo de su vida, aprendió a detener toda actividad y *esperar* en *Dios* en *silencio*.

Dios puede llenar su alma por medio del silencio y la soledad

"Me infunde nuevas fuerzas"

Lea detenidamente estos versículos. Permita que Dios anime su alma. Identifique las partes que le han resultado *difíciles* de *obedecer* y *practicar*. Subraye algunos pasos de acción que puede empezar a aplicar.

«¡Alto! ¡Reconozcan que yo soy Dios! ¡Las naciones me exaltan! ¡La tierra me enaltece!» (Salmo 46:10)

Sólo en Dios halla tranquilidad mi alma; sólo de él viene mi salvación… Sólo en Dios halla tranquilidad mi alma; sólo en él he puesto mi esperanza. (Salmo 62:1, 5)

Quédense tranquilos, que el Señor peleará por ustedes. (Éxodo 14:14)

Y amarás al Señor tu Dios con todo tu corazón, y con toda tu alma, y con todas tus fuerzas. (Deuteronomio 6:5)

¿Por qué te desanimas, alma mía? ¿Por qué te inquietas dentro de mí? Espera en Dios, porque aún debo alabarlo. ¡Él es mi Dios! ¡Él es mi salvador! (Salmo 43:5)

Tranquilice su alma para que descanse en la presencia de Dios

La oración del Apóstol Juan sirve como un buen recordatorio sobre el *impacto directo* que el estado de su *alma* tiene en su *salud*.

Amado, deseo que seas prosperado en todo, y que tengas salud, a la vez que tu alma prospera. (3 Juan 2)

Considere el estado de su alma. Incluso si las cosas van bien, es sabio ser proactivo en esta área de su vida. Planee tiempo en su calendario para estar a *solas* con Dios. Incluya momentos de *oración*, *estudio* de la Biblia y *adoración*, pero no olvide añadir el *silencio* a su lista.

Permita que Dios *fortalezca* su alma permaneciendo en silencio en Su presencia. Lea estos dos versículos que se encuentran a continuación. Después, pase por lo menos un minuto en silencio.

Mi alma está apegada a ti; tu mano derecha me brinda apoyo. (Salmo 63:8)

Cuando me vi abrumado por la angustia, tú me brindaste consuelo y alegría. (Salmo 94:19)

Día 45
De prioridad al descanso y al sueño

Genesis 2:2-3: *Dios terminó en el día séptimo la obra que hizo; y en ese día reposó de toda su obra. Y Dios bendijo el día séptimo, y lo santificó, porque en ese día reposó de toda su obra.*

Hay un tiempo para *trabajar* y otro para *descansar*. Hay un tiempo para *despertar* y otro para *dormir*. Si *descuida* cualquiera de estas dos áreas—descansar o dormir—durante varios días, le saldrá más *costoso* de lo esperado. Como hemos dicho antes, usted no es *una* máquina. Y si *vive* como una máquina, se *derrumbará* como tal.

El descanso y el sueño son fundamentales para mantener su salud

Veo que las personas se conectan de maneras *muy* diferentes. A algunos les entusiasma *trabajar* duro toda la semana, mientras que a otros les emociona *dormir hasta tarde* los sábados. Algunas personas son muy productivas y otras, no tanto. Los estudios han demostrado que el descanso y el sueño *ayudan* a pensar y funcionar *mejor* a lo largo del día.

Aquí hay una fórmula sencilla a tener en cuenta para establecer patrones de descanso *sostenibles*.

Planifique tiempos cortos de descanso *durante* el día.
Duerma un *mínimo* de siete horas cada noche.
Tómese un *día* libre a la semana para descansar.
Descanse un fin de *semana* cada trimestre.
Planee por lo menos una *semana* de vacaciones al año.

Según lo permitan los horarios de trabajo, escuela y familia, aproveche los fines de semana largos y las vacaciones para *descansar* y *recargar* su cuerpo. Seamos honestos, cuando no se descansa lo *suficiente*—y cuando no se duerme bien durante unos días—uno se convierte en una persona *diferente*.

La gente empieza a señalarlo: "Hoy está muy irritable", "Hoy no está siendo muy amable", "Usted fue muy grosero con esa persona", y le resultará difícil *aceptar* sus observaciones. Pero lo *peor* de todo es que tienen 100% razón. Y el 99% probablemente se deba a la *falta* de descanso y sueño.

"Dios terminó en el día séptimo la obra que hizo; y en ese día reposó de toda su obra."

Al principio del Libro de Génesis encontramos este principio *esencial* del descanso. Ahora bien, Dios descansó—no porque estuviera cansado—sino para *disfrutar de* Su *obra* de *creación*, ¿no cree que es sabio descansar después de *terminar* su trabajo? Si usted dice: "Pero Marcel, mi trabajo *nunca* está terminado cuando llega el fin de semana", y eso puede ser cierto, pero aun así es *poco sabio* trabajar todo el tiempo.

Dios no durmió en el séptimo día—Él, por cierto, siempre está despierto—pero ciertamente descansó para *disfrutar* de Su obra. Aquí debo ser *totalmente* honesto. Esto es *difícil* para mí. Mis años en operaciones me prepararon para trabajar *continuamente*. Por fortuna, recuerdo estos dos versículos para *alinear correctamente* mis viejos patrones de trabajo.

Por eso me acuesto y duermo en paz, porque sólo tú, Señor, me haces vivir confiado. (Salmo 4:8)

De nada sirve que ustedes madruguen, y que se acuesten muy tarde, si el pan que comen es pan de sufrimiento, y el Señor da el sueño a los que él ama. (Salmo 127:2)

"Y Dios bendijo el día séptimo, y lo santificó"

Lo que debe recordar es la importancia de *separar* un día para *descansar, adorar* a Dios y *disfrutar* del trabajo de sus manos. Por eso el domingo es tan *especial*. Nos recargamos *espiritual, relacional* y *físicamente*.

¿Qué *diferencia* hay si trabaja como una máquina, pero *falta a* la iglesia cada domingo? ¿A quién le importa si *gana* toneladas de dinero, pero *nunca* ve a su familia? ¿Quién quedará *impresionado* con su nuevo título en el trabajo cuando su ritmo de vida *altere* su salud?

Entonces, si usted no es muy bueno en este principio de descanso y sueño, empiece con el compromiso de *cambiar* su *perspectiva* y luego cambie su *enfoque*. No continúe durmiendo solo cuatro horas por noche para trabajar más. Deje de jugar videojuegos hasta las 4:00 de la mañana los domingos. Deje de ver tantos programas y películas que alteran el *ritmo* de sus patrones de sueño.

¿Cree que estas cosas honran a Dios? Noticias de última hora... ¡No es así! Comience *a priorizar* el descanso y el sueño.

¿Qué patrón de descanso o sueño debe iniciar, continuar o detener?

El desafío final

Iniciamos este devocional explorando las cinco áreas de nuestro marco para *alinear* nuestras vidas con los propósitos eternos de Dios. Acordamos identificar de qué éramos *responsables* desde la perspectiva de Dios. Su objetivo era sencillo.

Una vez identificadas estas responsabilidades, era momento de *ajustar* y *realinear* su vida para *seguir* los caminos de Dios con *mayor* claridad.

También acordamos filtrar este marco fundamental utilizando un principio de *transformación bien conocido*—buscar *primero* el reino de Dios.

¿Por qué?

Porque *Dios* es primero.

Este es el *orden* de bendición divina para su vida.

Por lo tanto, busquen primeramente el reino de Dios y su justicia, y todas estas cosas les serán añadidas. (Mateo 6:33)

Como sucede con la mayoría de los libros, puede ser difícil saber qué hacer a continuación. Aquí es donde espero *animarlo*. Hemos identificado cinco áreas que sirven como marco para una vida *alineada* con los propósitos de Dios.

Lo que me gustaría que hiciera en esta sección, es identificar un paso de acción para comenzar *esta* semana, en cada una de las cinco áreas de nuestro marco. No tiene que ser demasiado ambicioso con sus pasos de acción. Manténgalos específicos, medibles, prácticos y realistas.

Mi vida espiritual

Mi propósito

Mis relaciones

Mis recursos

Mi salud

¿Cómo me Convierto en cristiano?

¿Es usted cristiano? ¿Cómo lo sabe? Hay muchos conceptos *erróneos* sobre cómo una persona se convierte en cristiano. He aquí algunos ejemplos de suposiciones muy sinceras, pero erróneas, sobre la fe cristiana:

- "Soy cristiano porque *voy* a la iglesia regularmente."
- "Soy cristiano porque *ayudo* a los demás."
- "Soy cristiano porque *doy* dinero a la iglesia o a los pobres."
- "Soy cristiano porque *leo* la Biblia."
- "Soy cristiano porque mis *padres* son cristianos."
- "Soy cristiano porque *creo* en Dios."
- "Soy cristiano porque *soy* una buena persona."

¿Se le ocurren otras suposiciones erróneas utilizadas por amigos o familiares cercanos? Aquí hay cuatro palabras simples para recordar cuando se trata de describir cómo alguien se convierte en cristiano: Dios, Pecado, Jesús y Conexión.

Dios: ¡Dios le ama a USTED!

Lo creó para dar gloria a su nombre. El deseo de Dios es que lo conozca a Él. El Señor Dios quiere que encuentre una completa satisfacción espiritual comenzando una vibrante relación con su Hijo, Jesucristo.

"Porque de tal manera amó Dios al mundo, que ha dado a su Hijo unigénito, para que todo aquel que en él cree no se pierda, sino que tenga vida eterna." (Juan 3:16)

Dios es nuestro amoroso Redentor, y Dios es también nuestro Santo Creador. Él es el que está al mando. En otras palabras, Dios tiene completa autoridad sobre nosotros. No somos el centro del universo: Dios lo es. No somos la fuente de la vida, Dios lo es.

Nosotros no podemos cambiar el destino espiritual de las personas, pero Dios puede y Dios lo hace. Y porque Él es SANTO, no puede simplemente "barrer nuestro pecado bajo la alfombra". Dios debe juzgar el pecado, todo el pecado.

El Señor Dios es justo y recto en todos sus caminos. Dios es clemente y compasivo, misericordioso y paciente. Estas verdades nos preparan el camino para entender la profundidad del problema que trae esta segunda palabra.

Y porque es SANTO, no puede simplemente "barrer nuestro pecado bajo la alfombra". Dios debe juzgar el pecado, todo el pecado.

Pecado: Su PECADO le ha separado de un Dios santo.

A sabiendas o sin saberlo, ha roto la Ley de Dios, su norma de perfección. En este momento, usted es culpable ante Dios por su pecado. Lo que esto significa es que Él sería perfectamente justo para juzgarle ahora mismo, en este momento.

"Por cuanto todos pecaron y están destituidos de la gloria de Dios." (Romanos 3:23)

¿Alguna vez le pareció extraño que no tuviera que ser enseñado a pecar? Eso es porque usted—y yo, y todos—nacimos con una naturaleza pecaminosa. Su modo por defecto es pensar, sentir, hablar y actuar de manera contraria a la Palabra de Dios.

El pecado es cuando usted sabe lo que debe hacer, pero no lo hace, o cuando sabe lo que no debe hacer, pero lo hace de todos modos.

"El que sabe hacer lo bueno, y no lo hace, comete pecado." (Santiago 4:17)

Su bondad personal o su habilidad para ayudar a otros no puede resolver su problema de pecado. De hecho, no hay NADA que pueda hacer para pagar la pena de sus pecados. No hay NADA que pueda hacer para superar su separación de Dios.

Las buenas obras y las creencias correctas no pueden satisfacer la norma perfecta de Dios. Así que usted permanece totalmente culpable, condenado ante Dios por su pecado, y esperando el juicio inminente.

"Hay caminos que el hombre considera rectos, pero que al final conducen a la muerte." (Proverbios 14:12)

"Y así como está establecido que los hombres mueran una sola vez, y después venga el juicio." (Hebreos 9:27)

No importa qué camino diseñe para llegar a Dios, nunca será el camino de la vida. No importa lo mucho que trabaje para arreglar las cosas con Dios, sus esfuerzos por sí mismos se quedarán cortos. No importa cuánto dinero gane para tratar de pagar todos sus pecados, nunca será suficiente. No puede comprar el acceso a Dios.

No hay NADA que pueda hacer para salvar su separación de Dios.

¿Cuál es el resultado del pecado en su vida? El pecado le separa de Dios; le hace culpable ante un Dios santo. El pecado produce la muerte y el juicio divino.

"Porque la paga del pecado es muerte, pero la dádiva de Dios es vida eterna en Cristo Jesús, nuestro Señor." (Romanos 6:23)

Jesús: Aquí es donde entra Jesús, para salvar la brecha insalvable, para pagar la deuda impagable. Él murió en la cruz para pagar la pena de sus pecados. Él pudo hacer esto por varias razones: Primero, Jesús era completamente justo y santo.

Desde el comienzo de su vida hasta su último aliento, siguió todas las leyes de Dios. Nunca pecó. ¿Es eso realmente posible? Sí. Es posible cuando se es el Hijo de Dios en misión para hacer la voluntad de Dios.

Jesús cumplió plenamente el requisito de Dios de la perfección absoluta. Por supuesto que lo hizo. Porque es Dios. Pero también es humano, plena y verdaderamente humano. Lo que significa que puede representarnos como mediador entre Dios y el hombre. Puede vivir y morir en nuestro nombre. (Para saber más sobre esto, lea Romanos 5.)

Jesús es la *ÚNICA* solución de Dios a su problema de pecado. Murió en la cruz para conectar a su pueblo con Dios. Fue enterrado y al tercer día resucitó de la tumba.

Jesús es el mediador entre Dios y el hombre. No hay otro. Jesús murió como sustituto, y su muerte pagó la pena de los pecados de su pueblo.

Jesús es la ÚNICA solución de Dios a su problema de pecado.

"Porque también Cristo padeció una sola vez por los pecados, el justo por los injustos, para llevarnos a Dios. En el cuerpo, sufrió la muerte; pero en el espíritu fue vivificado." (1 Pedro 3:18)

"Jesús le dijo: 'Yo soy el camino, y la verdad, y la vida; nadie viene al Padre, sino por mí.'" (Juan 14:6)

Jesús no es sólo la única solución de Dios a su problema de pecado. Es mucho *más*. Es más que el camino de Dios y el camino hacia Dios. Es el Hijo de Dios. Jesús es el Alfa y la Omega, el Primero y el Último.

Conexión: Entonces, ¿qué hacer con toda esta información? Es simple: creer, confesar y recibir.

Usted se conecta con Dios a través de la FE, creyendo en la obra terminada de Jesús en la cruz y confesando sus pecados directamente a Él a través de la oración.

Cuando Jesús entró en escena, esto es lo primero que dijo,

"El tiempo se ha cumplido, y el reino de Dios se ha acercado. ¡Arrepiéntanse, y crean en el evangelio!" (Marcos 1:15).

Convertirse en cristiano significa creer en Jesús, en su vida, muerte, sepultura y resurrección perfectas (Romanos 10:9).

"'Si confiesas con tu boca que Jesús es el Señor, y crees en tu corazón que Dios lo levantó de los muertos, serás salvo.' Porque con el corazón se cree para alcanzar la justicia, pero con la boca se confiesa para alcanzar la salvación." (Romanos 10:9-10)

¿Usted *cree* en Jesucristo? Si lo hace, dígale: "Señor Jesús, creo que eres el Hijo de Dios. Creo en tu vida sin pecado y en tu perfecta obediencia al Padre. Creo en tu muerte en la cruz, en tu sepultura y en tu resurrección. Y hoy, Señor, confío en ti como mi Salvador y Señor". Recibimos a Jesús por la fe cuando nos apropiamos de su mensaje en nuestras vidas.

Usted se conecta con Dios a través de la FE, creyendo en la obra terminada de Jesús en la cruz y confesando sus pecados directamente a Él a través de la oración.

Pero ¿se ha fijado en la primera parte de la declaración de Jesús? Comienza con la palabra "arrepiéntanse". El arrepentimiento implica un cambio de mente, un claro cambio de dirección.

El arrepentimiento significa que ya no siga los deseos pecaminosos de su carne. Usted abandona el atractivo, pero vacío sistema de este mundo. Usted deja el pasado, se da la vuelta y sigue a Jesús.

Su vida ya no está marcada por el pecado; está marcada por el arrepentimiento. El pecado ya no es lo que controla su vida porque Jesús es su nuevo Señor y Amo.

Confesar significa estar de acuerdo con Dios sobre su pecado. Su pecado es suficiente para condenarlo a una eternidad en el infierno.

Usted debe llegar a un acuerdo con su total desesperación contra el pecado aparte de la gracia y la misericordia de Dios a través de Jesucristo.

¿Está listo para *cambiar* de las tinieblas a la luz, de la mundanidad a la piedad, del pecado al arrepentimiento? Si está listo, dígale:

"Señor Jesús, hoy me alejo de mi pecado y me vuelvo a ti. Sé que he pecado contra ti, Señor. Soy responsable de mis pecados; sé que te he agraviado Señor con mi pecaminosidad. Estoy profundamente arrepentido de mi pecado. Por favor, perdóname por todos mis pecados. Y gracias por ofrecer a Jesús como el sustituto que soporta la ira de los pecadores como yo. Ayúdame, Señor a caminar a la luz de tu Palabra y a no mirar nunca atrás."

"Pero a todos los que la recibieron, a los que creen en su nombre, les dio la potestad de ser hechos hijos de Dios." (Juan 1:12)

"Si confesamos nuestros pecados, él es fiel y justo para perdonar nuestros pecados y limpiarnos de toda maldad." (1 Juan 1:9)

"Si confiesas con tu boca que Jesús es el Señor, y crees en tu corazón que Dios lo levantó de los muertos, serás salvo." (Romanos 10:9)

Amigo, la vida cristiana es dura. Y habrá días por delante que estarán llenos de sufrimiento. Pero sigue en pos de Jesús.

Cuando peque, confiese sus pecados y recuerde que Él es fiel y justo para perdonar nuestros pecados y limpiarnos de toda maldad (1 Juan 1:9); recuerde que ahora no hay condenación para los que están en Cristo (Romanos 8:1).

¡Qué verdades tan asombrosas! Siga aferrándose a Jesús hasta llegar a la gloria.

Ah, y aquí hay un consejo: Únase a una iglesia que predique el evangelio y le ayude a seguir a Jesús.

"De modo que si alguno está en Cristo, ya es una nueva creación; atrás ha quedado lo viejo: ¡ahora ya todo es nuevo!" (2 Corintios 5:17)

"Por lo cual estoy seguro de que ni la muerte, ni la vida, ni los ángeles, ni los principados, ni las potestades, ni lo presente, ni lo por venir, ni lo alto, ni lo profundo, ni ninguna otra cosa creada nos podrá separar del amor que Dios nos ha mostrado en Cristo Jesús nuestro Señor." (Romanos 8:38-39)

"El que tiene mis mandamientos, y los obedece, ése es el que me ama; y el que me ama, será amado por mi Padre, y yo lo amaré, y me manifestaré a él." (Juan 14:21)

"Pero a todos los que la recibieron, a los que creen en su nombre, les dio la potestad de ser hechos hijos de Dios; los cuales no son engendrados de sangre, ni de voluntad de carne, ni de voluntad de varón, sino de Dios." (Juan 1:12–13)

Referencias

Día 24

Strong, James. La nueva Concordancia Exhaustiva Expandida de Strong de la Biblia. Red letter ed. Nashville, Tenn. Thomas Nelson, 2005.

Made in the USA
Middletown, DE
05 February 2023